essentials

Essentials liefern aktuelles Wissen in konzentrierter Form. Die Essenz dessen, worauf es als „State-of-the-Art" in der gegenwärtigen Fachdiskussion oder in der Praxis ankommt. Essentials informieren schnell, unkompliziert und verständlich

- als Einführung in ein aktuelles Thema aus Ihrem Fachgebiet
- als Einstieg in ein für Sie noch unbekanntes Themenfeld
- als Einblick, um zum Thema mitreden zu können.

Die Bücher in elektronischer und gedruckter Form bringen das Expertenwissen von Springer-Fachautoren kompakt zur Darstellung. Sie sind besonders für die Nutzung als eBook auf Tablet-PCs, eBook-Readern und Smartphones geeignet.

Essentials: Wissensbausteine aus den Wirtschafts, Sozial- und Geisteswissenschaften, aus Technik und Naturwissenschaften sowie aus Medizin, Psychologie und Gesundheitsberufen. Von renommierten Autoren aller Springer-Verlagsmarken.

Hans-Christian Brauweiler

Risikomanagement in Kreditinstituten

Eine Darstellung für Praktiker mit Fallbeispiel zum Liquiditätsrisiko

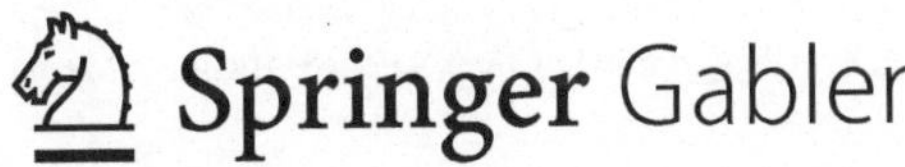

Prof. Dr. Dr. h.c. Hans-Christian Brauweiler
Westsächsische Hochschule Zwickau
Zwickau
Deutschland

ISSN 2197-6708　　　　　　　ISSN 2197-6716 (electronic)
essentials
ISBN 978-3-658-09061-6　　　ISBN 978-3-658-09062-3 (eBook)
DOI 10.1007/978-3-658-09062-3

Die Deutsche Nationalbibliothek verzeichnet diese Publikation in der Deutschen Nationalbibliografie; detaillierte bibliografische Daten sind im Internet über http://dnb.d-nb.de abrufbar.

Springer Gabler
© Springer Fachmedien Wiesbaden 2015

Gedruckt auf säurefreiem und chlorfrei gebleichtem Papier

Springer Fachmedien Wiesbaden ist Teil der Fachverlagsgruppe Springer Science+Business Media
(www.springer.com)

Was Sie in diesem Essential finden können

- Ziele und Gründe für Risikomanagement in Kreditinstituten
- Determinanten der Risikostrategie und der Risikopolitik
- Teilbereiche und Teilaufgaben, eines adäquaten Risikomanagementsystems
- Kategorisierung unterschiedlicher Risikoarten
- Quantifizierung von Risiken
- Ein Fallbeispiel zu Liquiditätsrisiken

Vorwort

Banken sind durch die Verwaltung der ihnen anvertrauten Spareinlagen in besonderer Pflicht, Risiken für diese Gelder, die als Kredite ausgereicht werden, zu vermeiden. Auch der zunehmende Wettbewerbsdruck und die abnehmenden Margen machen eine aktive Behandlung von Risiken unabdingbar. Somit ist das Thema Risikomanagement bei Kreditinstituten ein seit langem zwar fest etabliertes Thema, trotzdem müssen immer wieder Anpassungen an verschiedenen Stellschrauben des Systems vorgenommen werden. Die grundlegenden Vorgänge des Risikomanagements sind in Banken sehr ähnlich denen anderer Unternehmen. Jedoch sind die Zielgrößen und die Risikobereiche in der Regel anders.

Das Thema Risikomanagement ist für Banken nicht nur vor dem Hintergrund der treuhänderisch verwalteten fremden Gelder, sondern auch vor den Aspekten einer immer volatiler werdenden Wirtschaftswelt sowie stärkeren normativen Vorgaben (KWG, Basel-Abkommen) zu sehen. Daher wird dieses Thema noch an Bedeutung gewinnen, vor allem auf bisher nicht damit befassten Arbeitsebenen. Um sich arbeitsvertraglichen, zivilrechtlichen oder gar strafrechtlichen Konsequenzen nicht ausgesetzt zu sehen, ist ein gut aufgestelltes, adäquates Risikomanagement auf allen Managementebenen von Nöten. Das vorliegende Buch vermittelt in kompakter, trotzdem ausführlicher Form das notwendige Hintergrundwissen zum Risikomanagement in Kreditinstituten.

Dieses Werk basiert in Teilen auf Lehrskripten, die der Autor als Professor für Controlling und Accounting im berufsbegleitenden Studium der AKAD Hochschule Leipzig und der AKAD University Stuttgart entwickelt und eingesetzt hat. Aufgrund des Einsatzes in der akademischen Lehre für Praktiker mit vielen beruflichen Hintergründen spiegelt sich eine hohe Praxisnähe und -relevanz wider. Auch die seit 2006 durchgeführte Lehr- und Forschungstätigkeit als ständiger Gastprofessor für Finanzen und Finanzdienstleistungen an der Deutsch-Kasachischen Universität Almaty (Kasachstan) hat zum Entstehen des Werkes beigetragen. Des Weiteren wurden die aktuellen Entwicklungen der jüngsten Zeit aufgegriffen und einbezogen, während der Tätigkeit als Professor für Betriebliches Rechnungswesen und Interne Revision an der WHZ Westsächsischen Hochschule Zwickau wurden die Kapitel ständig überarbeitet und ergänzt.

Zwickau, März 2015   Prof. Dr. rer. pol. Dr. h.c.
                                                                H.-Christian Brauweiler

Inhaltsverzeichnis

Risikomanagement in Kreditinstituten 1

Unter Risikomanagement wird die systematische Erhebung, Erkennung, Analyse, Behandlung und Steuerung von das Unternehmen bedrohenden Risiken verstanden. Insbesondere sollen durch ein geeignetes Risikomanagement kritische Situationen im Rahmen der Unternehmenstätigkeiten frühzeitig erkannt, vermieden oder reduziert werden (Brauweiler 2015, S. 2). Durch die Vermeidung und Verminderung, das Herbeiführen der Planbarkeit und Steuerbarkeit von kritischen Situationen kann ein Unternehmen unvorhersehbare Risiken meistern. Damit ist ein gut durchdachtes und funktionstüchtig aufgebautes Risikomanagement gleichfalls ein Frühwarnsystem für die Unternehmensleitung (Baetge und Jerschensky 1999, S. 175). Dadurch werden bei erkannten Risiken entsprechende Gegenmaßnahmen eingeleitet, die dann noch eine entsprechende und gewünschte (Gegen-)Wirkung entfalten können. Teilweise wird in der Literatur bzw. auch in der Praxis das Risikomanagement als Bestandteil, teilweise als Synonym zu einem Internen Kontrollsystem (IKS) bezeichnet, der Autor sieht ein Risikomanagement als wichtigen Bestandteil eines IKS an.

Das Wesen unternehmerischen Handelns ist das Nutzen von Chancen und – aufgrund von Unwägbarkeiten der zukünftigen Umweltbedingungen – auch das Eingehen von Risiken. In der besonderen Branche der Kreditinstitute ist das Eingehen von Risiken aber vor dem Fokus der Verwahrung und Verwaltung fremder Gelder (Spareinlagen und Sichtguthaben) zu sehen. Im Krisenfall (und dies wurde uns in den Krisenjahren seit 2007 drastisch vor Augen geführt) ist die Gesamtwirtschaft nicht nur durch den Verlust der Forderungen von einigen (wenigen) Gläubigern betroffen, sondern durch massiven Vertrauensverlust, Zurückhaltung bei Kreditvergabe, Liquiditätsproblemen u.v.m.

© Springer Fachmedien Wiesbaden 2015

H.-C. Brauweiler, *Risikomanagement in Kreditinstituten,* essentials,

DOI 10.1007/978-3-658-09062-3_1

Daher ist aus gutem Grunde einerseits die Bankenbranche die am stärksten überwachte und regulierte Branche (neben der Pharma- und der Nahrungsmittelindustrie). Mit dieser Regulierung und Überwachung ist auch das Thema des Risikomanagements eng verknüpft. Da eine unternehmerische Tätigkeit auch in Kreditinstituten nicht vollkommen risikolos möglich ist, ist der sachgerechte Umgang, die Minderung, Vermeidung oder gar Wandlung von Risiken in neue Chancen über ein ausreichendes Risikomanagement notwendig.

Das aktive Management der bestehenden Chancen und Risiken gilt als Grundlage und Voraussetzung für die Zukunftsfähigkeit eines Unternehmens und ist ein hauptsächlicher determinierender Faktor für den künftigen Unternehmenswert bzw. auch -gewinn. Aufgrund der besonderen Bedeutung von Finanzinstituten für die Wirtschaft bedürfen Banken eines besonders effektiven und effizienten Risikomanagements. Aus diesem Grunde sind die Regeln für Kreditinstitute besonders stringent (u. a. im Kreditwesengesetz KWG geregelt) und werden auf internationalem Niveau durch die Basel-Abkommen auch ständig überarbeitet und verfeinert (Zirkler et al. 2015, S. 1–2).

Hieraus lassen sich nun die *Zielsetzungen und Beweggründe* für die Etablierung eines Risikomanagementsystems in Kreditinstituten benennen:

- Die Bedeutung als wichtiger Dienstleister für die Geldbewegungen und Liquiditätsversorgung von produzierenden Unternehmen und Dienstleistern, Haushalten sowie der öffentlichen Hand in einer Volkswirtschaft bzw. zwischen den Volkswirtschaften im Außenhandel;
- die treuhänderische Hereinnahme und Verwaltung von Spareinlagen sowie die Ausreichung dieser Gelder in Form von Krediten an in- und ausländische Unternehmen, Finanzinstitute, Privatpersonen, öffentliche Hand;
- die Verbesserung planungs- und steuerungsrelevanter Informationen, Informationssysteme und –prozesse;
- verbesserte Abläufe bei internen (Innenrevision, interne Audits) und externen (Wirtschaftsprüfer, Betriebsprüfer, externe Audits, Zertifizierungen, ggf. Kunden sowie staatl. Aufsichtsbehörden) Prüfprozessen;
- einhalten aller gesetzlichen Normen (z. B. KWG, MaRisk, AktG, GmbHG, PublG, KonTraG, Corporate Governance Codex, ggf. Sarbanes-Oxley-Act [SOX], Richtlinie 2006/43/EG [sog. „EURO-SOX"] usw.);
- die Unterstützung der Entwicklung eines adäquaten, d. h. hohen Risiko- und Risikokostenbewusstseins bei den Beschäftigten;
- die Erhöhung der Transparenz von Ausmaß und Wirkung von externen und internen Einflussgrößen;

- Schaffung eines bewussten Umgangs mit Risiko und Risikofaktoren (d. h. einer Risikokultur);
- die Entwicklung eines funktionsfähigen Frühwarnsystems für alle wesentlichen Risiken;
- das frühzeitige Erkennen und Identifizieren chancen- und risikorelevanter Tendenzen und Entwicklungen;
- die kontinuierliche Senkung der Risikokosten, z. B. niedrigere Versicherungsprämien;
- die Verbesserung der Kreditwürdigkeit bzw. des Ratings und damit der Kapitalkosten;
- die Unterstützung der Organisation bei der Implementierung von Recovery-Szenarien als Basis eines Business Continuity Managements;
- die zu vertiefende Integration in die strategische und operative Unternehmensplanung und das -controlling.

Ausgehend von der Vision und Mission sowie basierend auf der Unternehmensphilosophie und -strategie werden die Motive und die Richtung der *Risikostrategie* definiert. Diese umfasst auch Überlegungen bzw. Festlegungen zur Risikotragfähigkeit des Kreditinstitutes, vor allem zur Planung des durch die Basel-Abkommen geforderten haftenden Eigenkapitals. Die Verantwortung zur Umsetzung der Risikostrategie liegt beim Risikomanagement. In der Regel liegt das Hauptaugenmerk der Risikostrategie einer Bank auf der Absicherung der leistungswirtschaftlichen, der finanziellen, der ertrags- und wertorientierten sowie der sozialen Unternehmensziele. Juristische, steuerliche und andere Aspekte dürfen dabei aber nicht vernachlässigt werden.

Die Risikostrategie des Kreditinstitutes dient dazu, das Umfeld und die Rahmenbedingungen, in den das *Risikomanagementsystem* eingepasst, etabliert und umgesetzt wird, zu beschreiben und festzulegen. Die Unternehmensleitung definiert, in Absprache mit der in aller Regel auf höchster Ebene angesiedelten Leitung des Risikomanagements, Ziele und Verantwortlichkeiten für die nachgeordneten Bereiche. Darüber hinaus wird das Risikocontrolling und -reporting etabliert sowie das Risikomanagement in die strategischen Entscheidungsprozesse integriert.

Determinanten der Risikopolitik 2

Vor der Planung, Realisation und Implementierung eines Risikomanagementsystems müssen einige grundlegende Überlegungen zur allgemeinen Risikostrategie und -politik des Unternehmens durchgeführt werden. An den hieraus entstehenden Leitlinien ist das Risikomanagementsystem auszurichten. Nicht alle Banken sind bezüglich Vision, Mission, Geschäftspolitik, Zielkunden usw. vergleichbar, nicht alle Risiken sind gleich schwerwiegend. Es sind also differenzierte, aber trotzdem angemessene Entscheidungen zu folgenden Fragestellungen bezogen auf das Liquiditätsrisiko zu treffen:

- Um was für einen Typus von Bank handelt es sich? Was darf die Bank, welche Grenzen hat sie?
- Was sind die Planungen und Annahmen der Bank für die Zukunft?
- Was sind die Probleme in der Gegenwart und in der Zukunft?
- Wer macht was im Risikomanagementprozess, wer hat welche Befugnis, wie werden Entscheidungen getroffen?
- Welche Risiken kann und will die Bank eingehen und wie soll mit den Risiken umgegangen werden? Welche Wechselwirkungen bestehen aus Sicht der Bank zwischen den anderen wesentlichen Risiken?
- Welche Limits werden eingeführt?
- Wie soll die Risikopolitik veröffentlicht werden?

In den nachfolgenden Abschnitten wird diesen Fragen hinsichtlich ihrer Relevanz für ein Liquiditätsrisikomanagement nachgegangen.

© Springer Fachmedien Wiesbaden 2015
H.-C. Brauweiler, *Risikomanagement in Kreditinstituten,* essentials,
DOI 10.1007/978-3-658-09062-3_2

- *Art der Bank*

Die Fragestellung nach der Art der Bank behandelt z. B. Aspekte der Stellung der Bank in einem Verbund oder Konzern. Es geht darum herauszufinden, welche Regelungen angewendet werden müssen. Da das Liquiditätsrisiko betrachtet wird, muss die Neigung der Bank ermittelt werden, die sie grundsätzlich gegenüber dem Eingehen von Risiken hat, was sich aus der Risikostrategie und -philosophie ergibt.

Die Risikotragfähigkeit wurde in der Regel bereits bei der Betrachtung aller anderen für die Bank wesentlichen Risiken errechnet, z. B.: Welche Grenzen ergeben sich für die Bank aus bestehenden Verträgen, Weisungen, Regelungen oder Ansprüchen?

Die Strategie und die Risikotragfähigkeit geben der Risikopolitik einen internen Rahmen vor. Diesen gilt es ebenso zu klären wie die Ziele. Aus den Zielen lassen sich bereits weitere grundlegende Aspekte für die Liquidität ableiten, wie die Währung, die zur Verfügung stehen muss, und Möglichkeiten, die sich aus der Mitgliedschaft der Bank bei einem Einlagensicherungsfond ergeben.

An dieser Stelle sollte bereits entschieden werden, welche Verfahren angewendet werden sollten, um das Liquiditätsrisiko zu bemessen und zu quantifizieren.

- *Befugnisse beim Risikomanagement*

Die Fragestellung nach den Befugnissen zielt auf die Aufbauorganisation der Bank ab. Es handelt sich dabei um eine Entscheidung, die praktischerweise durch die Geschäftsleitung bei der Risikopolitik getroffen werden sollte. Sollte die Leitung zu dem Standpunkt kommen, dass ein großes Risiko besteht, muss im Rahmen der personellen Kapazitäten auch eine entsprechende Möglichkeit der Bewältigung getroffen werden.

In der Regel besteht bei einer Bank bereits eine derartige Aufgabenverteilung, sodass es nur zu überprüfen gilt, ob die Regelungen bestehen, klar und eindeutig formuliert sind sowie als transparent und kommuniziert gelten oder ob es aufgrund neuer Entwicklungen oder Ziele die Notwendigkeit der weiteren Schaffung von Abteilungen, Stellen oder Verantwortungsbereichen gibt. Durch die Aufgabenverteilung wird hier bereits die Grundlage für die Kommunikationswege gelegt.

- *Bewertung identifizierter Risiken*

Identifizierte und als wesentlich eingestufte Risiken für die Bank sowie deren Einfluss auf das Gesamtrisiko, sofern er als wesentlich angesehen wird, müssen durch aktuelle Werte bemessen werden. Ebenso muss der voraussichtliche Zuwachs benannt werden.

Eine Untergliederung sollte alle Aspekte betreffen, nämlich die Aktiva, die Passiva und die außerbilanziellen Geschäfte. Bereits hier sollte ebenfalls auf Aspekte der potenziellen Aktiva eingegangen werden, wobei es im Block der Aktiva bei den erwarteten Zuwächsen zu Doppelangaben kommen könnte.

Da der Zahlungsverkehr und das Clearing aufgrund des hohen Volumens eine herausragende Bedeutung haben, können bereits erste Schätzungen über das Volumen von Zahlungen und deren Abwicklungstermin am jeweiligen Tag abgegeben werden.

Als Letztes könnte an dieser Stelle bereits auf die *Klumpenrisiken* eingegangen werden, die sich durch die Kreditvergabe oder Geldhereinnahme an Kundengruppen, Länder, Branchen usw. ergeben. Auch Risiken daraus müssen im Rahmen des Risikomanagements identifiziert und bewältigt werden.

Für eine Quantifizierung hat der Baseler Bankenausschuss die Analyse von historischen Daten, statistische Analysen, pragmatische Hochrechnungen oder Fall-zu-Fall-Beurteilungen vorgeschlagen (Basler Ausschuss für Bankenaufsicht 2000, S. 11). Alle diese Möglichkeiten können für die grobe oder die feinere Bemessung später genutzt werden. Es sollte überprüft werden, ob eine vorgenommene grobe Quantifizierung von Liquiditätsrisiken mit der geäußerten Risikopräferenz im Allgemeinen noch im Einklang steht oder ob bereits hier die erwarteten Volumenänderungen zu einem anderen Verhalten führen müssen.

Hilfestellung bei der Erhebung kann eine *SWOT-Analyse*, die alle internen Stärken und Schwächen sowie externen Chancen und Risiken ermittelt und bewertet, geben. Nicht alle Felder werden sich immer genügend verlässlich füllen lassen, aber die Beschäftigung damit kann im Rahmen einer gemeinschaftlichen Erstellung durch verschiedene Abteilungen aufschlussreiche Ergebnisse liefern. Damit könnte auch überwunden werden, dass der Bankenmarkt gerade in Sachen Liquidität relativ intransparent ist, was sich mit der fortschreitenden Umsetzung von Basel III unter Umständen bessern wird. Die Bank könnte im Rahmen einer *Umfeld- und einer Unternehmensanalyse* bei sich die in Tab. 2.1 dargestellten Chancen, Risiken, Stärken und Schwächen identifizieren.

Aus diesen Elementen ist eine Ableitung der notwendigen Maßnahmen, um die Chancen zu nutzen, möglich. Aber auch die Schwächen können erfasst und behandelt bzw. zumindest überbrückt werden. Die festgestellten Aspekte werden in einer Ergebnismatrix, wie in Tab. 2.2 dargestellt, übersichtlich präsentiert.

Nach Klarstellung der Ausgangssituation kann für die Zukunft definiert werden, wie mit Risiken umgegangen wird. Dazu ist eine Übersicht geeignet, die die jeweiligen Möglichkeiten den Risikobereichen gegenüberstellt und Platz für eine Zuordnung der einzelnen Produkte lässt.

Identifizierte Risiken können oft auf mehrere Arten behandelt werden. Grundsätzlich lassen sich Risiken vermeiden, vermindern, verringern, man kann sie über-

Tab. 2.1 Mögliche Umfeld- und Unternehmensanalyse einer Bank. (Quelle: Eigene Darstellung in Anlehnung an Biernat 2008)

Umfeldanalyse	
Chancen	1. Kundenbindung
	2. Ansehen/Image/Standing
	3. Attraktive Zinsen können geboten werden
Risiken	1. Konzentrationen und Abhängigkeiten bei den Geldgebern
	2. Kundenabwanderung zur preiswerteren Konkurrenz
	3. Wechsel von Kunden von Filial- zu on-line-Bnken
Unternehmensanalyse	
Stärken	1. Refinanzierung aus langfristigen Geldanlagen
	2. Verwendete Banksoftware ist aktuell und ausbaufähig
	3. Ausgebildetes und erfahrenes Personal
Schwächen	1. Steigende Kosten, u. a. durch Filialnetz
	2. Sinkende Margen
	3. Verschlechterung des eigenen Ratings
	4. Kaum Refinanzierungsmöglichkeiten bei anderen Banken

Tab. 2.2 Ergebnismatrix der SWOT-Analyse. (Quelle: Eigene Darstellung in Anlehnung an Biernat 2008)

	Stärken	Schwächen
Chancen	1. Hereinnahmen von Kundeneinlagen mit langfristiger Bindung	1. Gewinnmöglichkeiten über Geschäftsausweitung
	2. Gewinnung von Refinanzierungslinien am Markt	2. Bessere Auslastung der Abwicklungsmöglichkeiten durch vermehrte Clearingfunktion
	3. Kundengewinnung über Standing im Markt	3. Attraktive Zinsen besser präsentieren, um bessere Refinanzierungsmöglichkeiten zu bekommen
Risiken	1. Rating halten oder verbessern durch besseren Einsatz der IT für Risikomanagement	1. Kostensenkung zur Kennzahlenverbesserung
	2. Gewinnung von Kundeneinlagen über Cross Selling	2. Kompensation des Margenverlusts durch Steigerung von Provisionsertrag
	3. Kostensenkung bei der IT, um Kostensenkung an Kunden weitergeben zu können	3. Schaffung von Refinanzierungsmöglichkeiten über neue Produkte

wälzen und transferieren, kompensieren, diversifizieren oder einfach übernehmen, was letztendlich eine Grundaufgabe von unternehmerischem Handeln, somit auch der Bank, ist.

Mögliche Lösungen sind:

- Die offene Position mittel- und langfristiger Aktiva und Passiva könnte zusätzlich *limitiert* werden, um die eigenen Mittel nicht zu lange zu binden oder Zinsänderungsrisiken zugunsten kurzfristiger Mittel aus langfristigen Passiva einzugehen.
- Die *Risikominderung* kann betrieben werden durch die Verleihung (auch Garantieabgabe) nur für erstklassige Adressen, durch die Hereinnahme von Bar-Sicherheiten für langfristige Verauslagungen und die Bestandshaltung kurzfristiger Mittel, um jederzeit liquide zu sein. Auch an dieser Stelle zeigt sich deutlich die Risikopräferenz der Bank, die jeweils deutlich zulasten von Margen oder Zinsgewinnen allgemein gehen kann, wenn zu hohe Bestände gehalten werden oder statt margenträchtiger Adressen nur erstklassige Adressen gewählt werden, die wesentlich geringere Margen erbringen.
- Die *Risikoverringerung* kann in einer Bank in technischer Art mittels Funktionstrennungen und Vier-Augen-Prinzip betrieben werden. Sie kann aber auch gerade durch die Risikopolitik betrieben werden, durch Limits, Kennzahlen und Notfallkonzepte oder durch die Festlegung eines Benchmarks, aber auch dadurch, dass Kommunikationswege und das Kennzahlensystem bereits vorgegeben werden.
- Eine *Risikoüberwälzung* oder einen Risikotransfer kann die Bank betreiben, indem sie Forderungen verbrieft und verkauft oder syndiziert und offene Positionen soweit möglich fristenkongruent schließt. Sie kann sich aber auch Optionen kaufen, die eine Mittelbereitstellung beinhalten; ferner sind das Outsourcing oder die Versicherung von Risiken Möglichkeiten, unsichere Zahlungsflüsse in verlässliche zu tauschen.

Die Mindestanforderungen an das Risikomanagement von Kreditinstituten (MaRisk herausgegeben von der BaFin: Bundesanstalt für Finanzdienstleistungsaufsicht 30.10.2007) fordern Überlegungen zu den Wechselwirkungen von Risiken. Dabei könnte eine Aufstellung, wie in Tab. 2.3 abgebildet, die die vier wesentlichen Risiken Adressenausfall, Marktpreis, Liquidität und die operationellen Risiken gegeneinanderstellt, helfen. Weitere Risikoarten können bei Bedarf ergänzt werden.

Bei der Diagonalen der Tabelle (jeweilige Paarungen gleicher Risiken) könnte die Frage gestellt werden, ob hier *Risikokonzentrationen* vorliegen. Die anderen Felder könnten Rückschlüsse geben auf Fragen nach Wechselwirkungen wie: Füh-

Tab. 2.3 Wechselwirkungen zwischen Risikoarten. (Quelle: Eigene Darstellung in Anlehnung an BIERNAT 2008)

Risiko	Adressenausfall	Marktpreis	Liquidität	Operationelle Risiken	Weitere Risikoarten
Adressenausfall	Besteht eine Risikokonzentration?	Führen höhere Adressenausfall-risiken zu höheren Marktpreisrisiken?	Führen höhere Adressenausfallrisiken zu höheren Liquiditätsrisiken?	Führen höhere Adressenausfallrisiken zu höheren operationellen Risiken?	…
Marktpreis	Führen höhere Marktpreisrisiken zu höheren Adressenausfallrisiken?	Besteht eine Risikokonzentration?	Führen höhere Marktpreisrisiken zu höheren Liquiditätsrisiken?	Führen höhere Marktpreisrisiken zu höheren operationellen Risiken?	…
Liquidität	Führen höhere Liquiditätsrisiken zu höheren Adressenausfallrisiken?	Führen höhere Liquiditätsrisiken zu höheren Marktpreisrisiken?	Besteht eine Risikokonzentration?	Führen höhere Liquiditätsrisiken zu höheren operationellen Risiken?	…

ren höhere Adressenausfallrisiken zu höheren Liquiditätsrisiken? Die Tabelle kann aufgrund der ganzheitlichen Betrachtungsnotwendigkeit von Risiken für weitere Risiken erweitert werden, wie z. B. auch mögliche Teilrisiken des Liquiditätsrisikos, die die Bank für sich identifiziert hat.

- *Berücksichtigung qualitativer Annahmen und Planungen*

Zum einen werden bestimmte quantitativen Annahmen für die Zukunft getroffen, zum anderen müssen jedoch auch qualitative Annahmen und Planungen berücksichtigt werden. Darüber hinaus sind aktive Steuerungsmaßnahmen und passive Einflüsse festzuhalten. Für die Zukunftsplanung sind die allgemeinen Fragen nach dem Vorhandensein der Geschäftsstrategie, nach der Ableitbarkeit der Liquiditätsrisiken aus der Geschäftsstrategie und ob die Liquiditätsstrategie wirklich aus der Geschäftsstrategie abgeleitet ist, wichtig.

In der weiteren Folge können daraus Fragen entwickelt werden, die die Ausrichtung der Bank bezüglich neuer Produkte und neuer Märkte und damit verbundener Risiken betreffen. Ferner sind Fragen im Falle einer Geschäftsausweitung bzw. dem Rückzug aus einem Geschäftsfeld und welche potenziellen Risiken damit verbunden sein können, zu stellen.

Die Annahmen für die Zukunft könnten sich auf die Entwicklung in den Märkten und den Beschaffungs- oder Absatzmarkt allgemein beziehen, sowie Zinsen, Preise und Kurse betreffend. Aber auch eine Analyse der Konkurrenz oder des Kundenverhaltens (Wunsch nach neuen Produkten), der Entwicklung der Heimatmärkte und Zielmärkte kann Aufschlüsse über mögliche Risiken oder einen allgemeinen Liquiditätsbedarf geben.

- *Bestehende und zu erwartende interne und externe Probleme*

Neben einer intensiven Betrachtung der Zukunft sollte die Bank sich ebenfalls mit schon existierenden Problemfeldern befassen sowie mit den Problemen, die sich in der Bank selbst ergeben (intern), aber auch mit Problemen, die von außen kommen könnten (extern). Diese Betrachtung und Analyse ist dreigeteilt. Der erste Teil bezieht sich auf mögliche Probleme, die bereits in der Gegenwart aufgetreten sind oder unmittelbar zu Problemen führen könnten, und die möglicherweise direkte Abhilfe erfordern. Danach folgen die Fragen, die sich auf unternehmensinterne und unternehmensexterne Fragen beziehen. So können neben den klassischen Liquiditätsrisiken, die sich aus den Bilanzpositionen ableiten lassen, unternehmensintern Probleme zum Beispiel dadurch entstehen, dass Lizenzen für die im Risikomanagement verwendete Software auslaufen.

Unternehmensextern können Probleme aus der Volkswirtschaft, der Währungspolitik und aus dem Aufsichtsrecht entstehen. Diese Hauptrisikopunkte sollten aufgeteilt werden in Unterfragen, wie z. B. ob Probleme im Personalsektor – z. B. aufgrund des demografischen Wandels – zu erwarten sind, wenn auf dem Beschaffungsmarkt für Mitarbeiter kein Angebot an ausgebildeten Arbeitskräften besteht. Dabei kann es sich z. B. um das Risiko der höheren Kosten handeln.

- *Einzuführende Limits*

Im Bankbetrieb ließen sich theoretisch in allen Prozessschritten Limits einführen. Diese können sich beim Liquiditätsrisiko auf die Tätigkeit einzelner Mitarbeiter oder Mitarbeitergruppen (z. B. im Treasury), auf Produkte, Positionen in Systemen und Märkten, auf Tage oder sonstige abgrenzbare Ausschnitte des Geschäftsbetriebes beziehen. Weitere Limits lassen sich für den Bereich der Mittelbeschaffung, der Mittelverwendung und der Mittelsicherung einführen. Bei Letzterem könnte es sich z. B. um die Sicherung durch derivative Geschäfte (wie den oben beschriebenen Optionen) handeln.

Die Limitierung kann in absoluten festen Werten erfolgen, aber auch als relative Zahlen, die nicht genauer definiert sind, jedoch in Prozent einer Gesamteinheit auszudrücken sind. Sie können sich ebenso als eine Verhältniszahl ausdrücken, wie zwischen kurzfristigen Forderungen und kurzfristigen Verbindlichkeiten.

- *Veröffentlichung der Risikopolitik*

Selbst eine gut entwickelte, notwendige und funktionsfähige Risikopolitik wird keinen Einfluss auf den Betrieb des Unternehmens haben, wenn sie nicht im Unternehmen ausreichend veröffentlicht und vor allem gelebt wird. Daher ist die Art der Veröffentlichung ein wichtiger Baustein bei der Umsetzung, da sie Vertrauen schaffen und den Mitarbeitern einen Bezugspunkt der eigenen Tätigkeit bieten kann. Neben Informations-, Schulungs- und Motivationsveranstaltungen, die den groben Rahmen sowie auch sach- bzw. fachbezogene Details vorstellen, muss es auch begleitend Umsetzungsgespräche in den einzelnen Fachabteilungen geben, um die Änderungen und Anpassungen vorzunehmen und in die eigenen Systeme und das eigene Tun zu integrieren. Die Veröffentlichung erfolgt (abgesehen von den Umsetzungen zur dritten Säule Basel II) sicherlich gemeinschaftlich im Kontext der anderen Risiken, um auch ein besseres Verständnis für die Banksteuerung an sich zu schaffen. Denn das einzelne Risiko der Liquidität kann nicht losgelöst, sondern nur als Teil des Systems begriffen werden.

Aufgaben des Risikomanagements 3

In diesem Kapitel werden die Aufgaben des Risikomanagements in einem Kreditinstitut, wie sie von der zuständigen Aufsichtsbehörde definiert werden, skizziert. Sie unterscheiden sich nicht wesentlich von den Aufgaben eines allgemeinen Risikomanagements (Brauweiler 2015, S. 6). Risikomanagement im engeren Sinne bezieht sich auf den Steuerungsaspekt (Schulte et al. 1997 S. 13).

In den *MaRisk* hat die BaFin als Aufsichtsbehörde für die Risikosteuerungs- und controllingprozesse folgende Aufgaben definiert (Bundesanstalt für Finanzdienstleistungsaufsicht 30.10.2007 AT 4.3.2 Absatz 1):

- *Identifizierung*
- *Beurteilung*
- *Steuerung*
- *Überwachung und Kommunikation*

Weitere Vorschriften beziehen sich auf:

- Die *administrative* Ausgestaltung des Risikomanagementprozesses:
  - Die Ausgestaltung der Risikosteuerungs- und -controllingprozesse für die wesentlichen Risiken, d. h. Adressenausfallrisiken, Marktpreisrisiken, Liquiditätsrisiken und operationelle Risiken (Bundesanstalt für Finanzdienstleistungsaufsicht 30.10.2007 BT 1).
  - Die Regelung der Ausgestaltung in Organisationsrichtlinien (Bundesanstalt für Finanzdienstleistungsaufsicht 30.10.2007 AT 5).
  - Zeitnahe Anpassung bei sich ändernden Bedingungen.

© Springer Fachmedien Wiesbaden 2015
H.-C. Brauweiler, *Risikomanagement in Kreditinstituten*, essentials,
DOI 10.1007/978-3-658-09062-3_3

- Vor dem laufenden Handel in neuen Produkten und auf neuen Märkten müssen geeignete Risikosteuerungs- und -controllingprozesse vorhanden sein (Bundesanstalt für Finanzdienstleistungsaufsicht 30.10.2007 AT 8).

- Das *Managen* und die *Steuerung*:
  - Die Einbindung in eine Gesamtbanksteuerung.
  - Rechtzeitiges Erkennen, vollständige Erfassung, Berücksichtigung der Wechselwirkungen zwischen verschiedenen Risikoarten.
  - Regelmäßige Szenariobetrachtungen.

- Die *Weitergabe von Informationen*:
  - Nachvollziehbare, aussagekräftige Berichte an die Geschäftsleitung in angemessenen Abständen, eventuell mit Handlungsvorschlägen.
  - Ad-hoc-Berichterstattung, falls frühzeitig Maßnahmen eingeleitet werden müssen.
  - Vierteljährliche, schriftliche Unterrichtung des Aufsichtsorgans.

Die Risikosteuerungs- und -controllingprozesse der Bank müssen die Gewährleistung der Risikotragfähigkeit berücksichtigen und die Umsetzung der Strategie dabei sicherstellen.

Risikoarten 4

Durch die Tätigkeit am Geld- und Kapitalmarkt entstehen einige spezifische Risiken im Bankgeschäft (DÖRNER 2000, S. 160 ff.). Die Aufgabe einer Bank besteht darin, *Risiken zu transformieren*:

- *Losgrößentransformation*
  - =relativ kleine, von Sparern oder Anlegern eingesammelte Geldbeträge werden von Banken genutzt, um jeweils größere Kreditvolumina an private Haushalte, Unternehmen oder die öffentliche Hand auszureichen.
- *Fristentransformation*
  - =Spareinlagen und andere Geldanlagen, die prinzipiell kurzfristig angelegt sind, werden als mittel- und langfristige Kredite ausgereicht. Auch der umgekehrte Vorgang ist denkbar: Langfristige Kleinanlagen (Sparbriefe) werden in kurzfristige Kredite (z. B. Betriebsmittel als Kontokorrentlinie) umgewandelt und ausgereicht.
- *Risikotransformation*
  - =durch bessere Informationen über Kreditnehmer und Spezialisierung im Geschäft sowie die Diversifikation durch die Vergabe von Krediten an verschiedene Kreditnehmer kann das Risiko aus der Ausreichung von Krediten reduziert bzw. minimiert werden.

Das Risiko, das in der Transformation der Kapitalbindungsfristen liegt, wird dadurch reduziert, dass regelmäßig in einem großen Teil der Anlagen von einer Verlängerung der Einlage (Prolongationsprinzip) bzw. einem Ersatz fällig werdender Einlagen durch neue Einlagen (Substitutionsprinzip) ausgegangen werden kann.

© Springer Fachmedien Wiesbaden 2015
H.-C. Brauweiler, *Risikomanagement in Kreditinstituten,* essentials,
DOI 10.1007/978-3-658-09062-3_4

Basel III greift zusätzlich diesen Punkt des Fristenrisikos auf (Zirkler et al. 2015, S. 16–19). Durch diese neuen Regelungen wird das potentielle Risiko für Banken erhöht (vgl. unten).

Risiken müssen bei Banken – anders als bei Unternehmungen anderer Branchen – zum einen aufgrund ihrer gesamtwirtschaftlichen Bedeutung und Aufgabe zum anderen durch die Größenordnung der eingegangenen Risiken anders betrachtet werden als in einem Unternehmen der produzierenden Branche. Daraus folgt auch die Notwendigkeit, die Risiken dezidierter einzuteilen als dies bei der Betrachtung unternehmerischer Risiken der Fall ist. Darüber hinaus ist eine zyklische Wiederholung der Betrachtung der Risiken im Rahmen des Risikomanagementprozesses fest zu etablieren. Bei dieser Risikobetrachtung werden die in Tab. 4.1 dargestellten Kategorisierungen vorgenommen und die Risiken entsprechend überprüft und überwacht.

Aufgrund der Ereignisse im Zusammenhang mit der sogenannten Subprime-Krise sowie deren Wirkung auf die Liquiditätssituation vieler Banken, die letztendlich dazu geführt hat, dass eine ganze Reihe von Banken bzw. Finanzinstitutionen gestützt, übernommen oder geschlossen werden mussten, wird das *Liquiditätsrisiko* in den Vordergrund der Betrachtungen gesetzt. U.a. durch die Regelungen von Basel III und den diversen Stresstests der Bankenaufsicht an den europäischen Banken wird der Liquidität eine besondere Bedeutung zugemessen (Zirkler et al. 2015, S. 15, 28). Dies hängt eng mit der Funktion der Fristentransformation bei langfristiger Mittelvergabe (z. B. Immobilienfinanzierung) durch kurzfristige Kapitalüberlassung zusammen. Gerade hier liegt die Gefahr bei einem sogenannten Bank Run (wie es u. a. 1974 bei der Herstatt-Bank und 2008 bei der Northern Rock (GB) vorgekommen ist; in Zypern hat man hingegen im März 2013 die Banken vorsorglich für einige Tage geschlossen und Barabhebungen auch danach nur limitiert zugelassen), dem massenhaften, plötzlichen Abzug von Mitteln durch die Kundschaft einer Bank (Fischer und Rudolph 2000, S. 376–377). Die kurzfristigen Gelder, die abgezogen werden, sind u. U. im Rahmen der Transformation langfristig vergeben worden und aufgrund eines von Dritten (z. B. institutionellen Investoren) erkannten, tatsächlichen oder scheinbar hohen Risikos von der Bank nicht kurzfristig wieder refinanzierbar.

Daher stellen die MaRisk das Liquiditätsrisiko gleichbedeutend neben den Adressenausfallrisiken (einschließlich Länderrisiken), dem Marktpreisrisiko und den operationellen Risiken zu den Risikoarten, über die sich die Geschäftsleitung einen Überblick verschaffen muss (Bundesanstalt für Finanzdienstleistungsaufsicht 30.10.2007, AT 2.2 Absatz 1). Der Basler Ausschuss für Bankenaufsicht bei der Internationalen Bank für Zahlungsausgleich geht noch einen Schritt weiter, indem

Tab. 4.1 Kategorisierung der Bankrisiken. (Quelle: Eigene Darstellung in Anlehnung an BIERMANN 1998, S. 6 ff. und ZUBER 1987, S. 67)

Marktrisiko	Erklärung
Währungsrisiko (Devisenrisiko, Wechselkursrisiko)	Das Entstehen einer Währungsposition, die nicht unmittelbar weiterverwendet wird, birgt das Risiko aus Kursveränderungen bzw. Auf- und Abwertungen
Kuponrisiko	Das Risiko, das aus der Veränderung des Zinssatzes bei variabel verzinslichen Wertpapieren oder revolvierenden Termingeldeinlagen entsteht
Kursrisiko	Bei festverzinslichen Wertpapieren besteht ein Kursänderungsrisiko aufgrund von Renditeänderungen. Die mögliche Folge können Verluste des Investors bei einem Liquiditätsbedarf sein
Liquiditätsrisiko	Kein Angebot im Markt, um eine offene Position zu schließen oder es gibt nur Abwehrpreise am Markt
	Die Bank ist nicht in der Lage, die anstehenden Zahlungen zu leisten (mangelnde Liquiditätsplanung des Unternehmens).
Spreadrisiko (auch Basisrisiko genannt)	Risiko, das entstehen kann, wenn eine eigene Position (Anleihe) mit einem derivativen, standardisierten Instrument geschlossen werden soll. Der Marktwert des derivativen Instruments legt möglicherweise nicht den Wert der eigenen Anleihe zugrunde, sondern den einer Anleihe mit nahezu ähnlicher Ausgestaltung. Durch die unterschiedliche Marktkursbewegung der beiden Anleihen kann es beim Schließen des derivativen Sicherungsinstruments zu zusätzlichen Risiken kommen
Wiederanlagerisiko (und Endwertrisiko)	Zinsänderungsrisiko bei der Wiederanlage fälliger Cashflows in der Zukunft. So ist der Endwert des Wertpapiers abhängig von der Wiederanlage der Kuponzahlungen
Zinsänderungsrisiko	Fristeninkongruenz zwischen Aktiv- und Passivpositionen bei der Fristentransformationsfunktion bzw. unterschiedliche Anpassungselastizität der Zinsen
Abwicklungsrisiko	Abgeschlossene Geschäfte können mangels technischer Voraussetzungen oder Know-how nicht abgewickelt und damit zu unbeherrschbaren Risiken werden
Bonitätsrisiko (auch Emittentenrisiko)	Fallende Kurse eines Wertpapiers durch Bonitätsverschlechterung des Emittenten können zu einem Wertverlust bei Ausfall führen
Erfüllungsrisiko	Keine Gegenleistung für die erbrachte Vorleistung führt zu einem Verlust des Cashflows, aber auch zum Verlust der eventuellen Absicherung
Kontrahentenrisiko	Durch den Ausfall eines Handelspartners entstehen Kosten für die eventuell entstandene Position
Kreditrisiko	Der Ausfall des Emittenten oder Kreditnehmers führt zum Verlust von Zins- und Tilgungszahlungen
Adressausfallrisiko	Kunden zahlen keine Zinsen oder Tilgungen

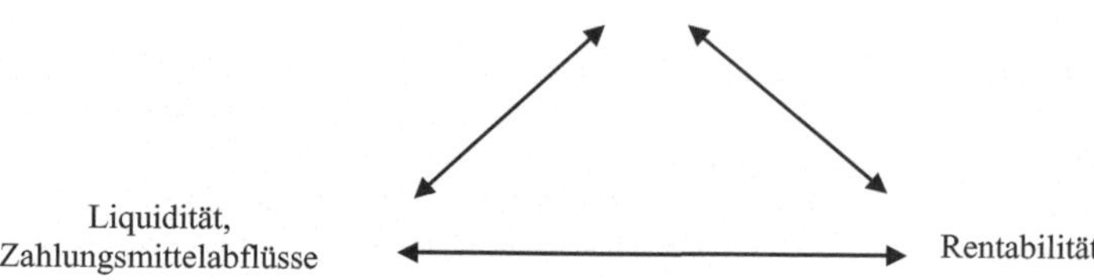

Abb. 4.1 Zielkonflikte im Spannungsdreieck Liquidität – Rentabilität – aufsichtsrechtliche Vorgaben

er zu dem Erfüllen der Verbindlichkeiten auch die Refinanzierung der Zunahme bei den Aktiva zählt (Basler Ausschuss für Bankenaufsicht 2000, S. 1).

Das Liquiditätsrisiko wurde durch das Bundesamt für das Kreditwesen (einer der Vorgängerinstitutionen der BaFin) 1995 in den *Mindestanforderungen für das Betreiben von (Wertpapier-)Handelsgeschäften* – kurz MaH – definiert als „das Risiko im Falle unzureichender Marktliquidität in einzelnen Produkten, insbesondere an außerbörslichen Märkten oder für den Fall, dass Geschäfte zur Steuerung von Positionen nicht oder unter nicht zu erwartenden Konditionen nur zu kontrahieren sind" (Bundesamt für das Kreditwesen 1995, 3.2.3).

So lässt sich beobachten, dass bei Finanzderivativen bei tendenziell geringerer Liquidität des Marktes der Geld-Brief-Spread steigt (Eck 2001, S. 442). Die Liquidierbarkeit eines Vermögenswertes hängt von den jeweiligen Gegebenheiten, den Eigenschaften des Vermögensgegenstandes und der Organisation des Marktes ab. Aufgrund der Komplexität der Liquiditätsplanung sowie der Unvorhersehbarkeit der Marktentwicklungen bedeutet die Entwicklung und Implementierung eines Risikomanagementsystems, das sich MaRisk-konform mit dem Liquiditätsrisiko befasst, eine erhebliche Herausforderung.

Die Steuerung eines Kreditinstituts hinsichtlich des Liquiditätsrisikos sieht sich Zielkonflikten gegenüberstehen, die ein Dreieck, wie in Abb. 4.1 skizziert, darstellen: Einerseits gilt es, die aufsichtsrechtliche Verpflichtung zur Einhaltung des Liquiditätsgrundsatzes zu beachten, zum anderen muss das Vorhalten von kurz- und mittelfristiger Liquidität zum Ausgleich für kurz- und mittelfristige Verbindlichkeiten adäquat vorgenommen werden und schließlich muss dies vor dem Hintergrund der Ertragsorientierung und des Renditestrebens erfolgen (Albert 2007, S. 50). Ein weiterer elementarer Zielkonflikt ist mit den volkswirtschaftlichen Aufgaben der Banken, d. h. insbesondere der Fristen- und Losgrößentransformation zu sehen.

Der von der BaFin vorgegebene Liquiditätsgrundsatz besagt, dass die fälligen Forderungen der nächsten 30 Tage höher sein müssen als die im gleichen Zeitraum fälligen Verbindlichkeiten. Ansonsten hat das Institut mit einem Eingriff der Ba-Fin nicht zuletzt auch in das Risikomanagement des Kreditinstitutes zu rechnen. Die BaFin kann nämlich die Anordnung von aufsichtsrechtlichen *Zwangsmaßnahmen nach § 45b Abs. 1 KWG* vornehmen. Dieser Paragraf erlaubt der Bundesanstalt, dem Institut Auflagen dergestalt zu machen, dass es z. B. „Maßnahmen zur Reduzierung von Risiken ergreift, soweit sich diese aus bestimmten Arten von Geschäften und Produkten oder der Nutzung bestimmter Systeme ergeben" oder „einzelne Geschäftsarten, namentlich die Annahme von Einlagen, Geldern oder Wertpapieren von Kunden und die Gewährung von Krediten (…) nicht oder nur in beschränktem Umfang betreiben darf."

Da grundsätzlich sehr ähnliche Abläufe und Strukturen bei jedweder Form von Risiko zu implementieren sind, kann die Betrachtung des Liquiditätsrisikos an dieser Stelle als Muster für die Darstellung betrachtet werden. Außerdem sind alle Formen von Risiken weitestgehend miteinander verzahnt, bedingen, begünstigen und beeinflussen sich gegenseitig. So können bspw. Kreditausfälle oder eine schlechtere Ertragslage dazu führen, dass eine Refinanzierung nicht oder nur zu höheren, unrentablen Preisen abgeschlossen werden kann. Damit führt das Liquiditätsrisiko unmittelbar zu einem Zinsänderungsrisiko (Schulte et al. 1997, S. 25). Ähnliche Wirkungsmechanismen sind für die anderen Risikokategorien erkennbar. Eine Identifikation aller potentiellen Risiken kann nur mit einem entsprechenden Wissen um Gesamtbankzusammenhänge erreicht werden. Dazu ist eine Risikoinventur notwendig (Kuhn 2006, S. 156).

Die Risikoidentifizierung und -quantifizierung in Bezug auf die Methoden und Messzahlen im Rahmen des analytischen Rahmens sind durch eine Studie der Deutschen Bundesbank und der BaFin bewertet worden (Deutsche Bundesbank, BaFin 2008, S. 12 ff). Es ist dabei festgestellt worden, dass die untersuchten Banken tageweise oder stichtagsweise die Messung nicht struktureller Liquidität in einem Projektionszeitraum in einer sog. Liquiditätsablaufbilanz vornehmen. Dabei wird zuerst der tageweise Saldo aus feststellbaren Fälligkeiten in der Zukunft analysiert und danach das Verhalten der Liquiditätssalden in Stresssituationen untersucht. Ein analoges Vorgehen ist bei der Darstellung des Liquiditätspotenzials, d. h. der Möglichkeit zusätzlicher Refinanzierungsmöglichkeiten, gegeben, auch sie werden tageweise bzw. stichtagsweise mit aufgenommen.

Quantifizierung des Risikos 5

Bei der Quantifizierung des Liquiditätsrisikos werden erwartete und unerwartete Zahlungsmittelabflüsse und -zuflüsse sowie qualitative und quantitative Risikomessverfahren differenziert betrachtet. Hier helfen verschiedene mathematisch-statistische Verfahren zur Bewältigung der Datenmengen einerseits und der Unsicherheit andererseits.

In diesem Zusammenhang werden *modellunterstützte Quantifizierungsansätze* vorgeschlagen als

1. *qualitativer* Messansatz, das Indikatormodell basierend auf einem Scoringansatz (Bewertungsverfahren, bei dem Entscheidungs- oder Zielkriterien nach Bedeutung gewichtet werden) (Kuhn 2006, S. 189.),
2. *quantitativer* Messansatz, der Operational-Value-at-Risk-Ansatz (als historische Simulation, d. h. Ableitung der zukünftigen Entwicklung aus historischen Daten (Kuhn 2006, S. 215), als Monte-Carlo-Simulation, d. h. die (Gesamtverlust-)Verteilung wird durch das Ergebnis aus Zufallswerten gebildet (Kuhn 2006, S. 215,) oder als ein versicherungsmathematischer Ansatz (Kuhn 2006, S. 218 f.), dabei handelt es sich um die Extremwerttheorie, nach der z. B. fehlende Werte an den Rändern der Verteilung der Datenbasis hinzugefügt werden können, oder
3. ein *hybrider* Messansatz, wie z. B. der Scorecard-Ansatz (Kuhn 2006, S. 181).

Die Zahlungsströme können unterteilt werden in bekannte bzw. unbekannte Beträge, die zu einem bekannten oder unbekannten Zeitpunkt fließen und damit deterministisch errechnet werden können (Betrag bekannt, aber Zeitpunkt unbekannt) bzw. ansonsten stochastischen Regeln folgen.

© Springer Fachmedien Wiesbaden 2015
H.-C. Brauweiler, *Risikomanagement in Kreditinstituten,* essentials,
DOI 10.1007/978-3-658-09062-3_5

Zur objektiven Bewertung und Einschätzung des Liquiditätsrisikos müssen konkrete Kennzahlen berechnet und verglichen werden. So können anhand von Häufigkeitsverteilungen des täglichen Liquiditätsbedarfs z. B. saisonale oder periodische Maxima bzw. Minima ebenso wie Trends und Entwicklungen erkannt werden. Filialbanken können darüber hinaus regionale Besonderheiten erkennen. Ferner können Parameter für einen Liquiditätscashflow, wie Prolongationsquoten, Inanspruchnahmequoten, Quoten zum Bestandsabbau und Quoten der Liquidierbarkeit von Aktivpositionen errechnet und überwacht werden. Hieraus kann der Umfang von Maßnahmen zur Liquiditätssicherung abgeschätzt werden (Emde und Meier 2005, S. 255).

Die Kennzahl *Liquidity at Risk* (LaR) lässt sich mit einer gewissen Wahrscheinlichkeit aus den historischen Zahlungsströmen autonomer Zahlungen als erwarteter Nettofinanzierungsbedarf bzw. Auszahlungsüberschuss ableiten (Zerlanski 2006, S. 2 f.) Autonome Zahlungen werden dabei bestimmt als Inlandszahlungen bzw. Zahlungen im Eurosystem, Auslands- und Wertpapierverkehr, den Handelsgeschäften der Bank sowie Zahlungen im Rahmen der Zinsbuchsteuerung.

BaFin und Bundesbank haben bereits festgestellt, dass die Banken sog. *Haircuts* verwenden, ihre liquidierbaren Aktiva also mit einem Sicherheitspuffer in die Kalkulation aufnehmen (Deutsche Bundesbank, BaFin 2008, S. 18 ff.). Hier wird also bewusst in begrenztem Maße auf Ertragschancen verzichtet, um für unvorhergesehene Schwankungen gerüstet zu sein. Für eine Quantifizierung schlägt der Baseler Bankenausschuss die Analyse von historischen Daten, statistische Analysen, pragmatische Hochrechnungen oder Fall-zu-Fall-Beurteilungen vor, d. h., die Banken haben trotz der oben bereits erwähnten hohen Regelungsdichte immer noch einen gewissen Ermessensspielraum – vielleicht ist es aber auch Ausdruck des Sachverhalts, dass selbst das geballte Fachwissen des Baseler Bankenausschusses keine Musterlösung zur Bewertung des durch Liquiditätsschwankungen hervorgerufenen Risikos hat. Allerdings sieht der Baseler Bankenausschuss auch eine Notfallplanung vor, die eine Strategie zur Handhabung einer möglichen Liquiditätskrise und ein Verfahren zur Mittelbeschaffung (Back-up-Liquidität) umfasst. Die Notfallplanung soll auch die Risiken aus dem Sekundär-Kreditgeschäft (Verbriefung, Forderungsverkäufe, Liquiditätsfazilitäten) mit einbeziehen.

Risikosteuerung 6

Risikomanagement dient einerseits operativen Ausrichtungen, d. h. der Erhaltung und Steigerung der Ertragskraft und Liquidität. Andererseits ist Risikomanagement, bei dem Risiken frühzeitig erkannt und bekämpft werden und günstigstenfalls in Chancen umgemünzt werden können, ein strategischer Wettbewerbsfaktor (Biermann 1998, S. 4). Auf den Markt bezogen sollen die Banken nur diejenigen Risiken eingehen, die sie verstehen und beherrschen können und die ihr Überleben nicht bedrohen. Risikomanagement in einer engen Definition ist also das *Steuern der bewusst eingegangenen (Rest-)Risiken.*

Dadurch dass Banken in einem besonderen Marktsegment aktiv sind und spezifische Strategien verfolgen, können sie auch Ziele hinsichtlich der jeweils verfolgten bzw. für notwendig erachteten Risikopolitik, differenziert nach den verschiedenen Risikoarten, setzen. So entscheidet die Strategie einer Bank, welche Risiken eingegangen werden dürfen bzw. können und sollen sowie welche Risiken zu vermeiden sind. Die daraus entstehenden Optionen und deren Inhalte werden in Tab. 6.1 abgebildet.

© Springer Fachmedien Wiesbaden 2015
H.-C. Brauweiler, *Risikomanagement in Kreditinstituten,* essentials,
DOI 10.1007/978-3-658-09062-3_6

Tab. 6.1 Optionen der Risikobeeinflussung. (Quelle: Eigene Darstellung in Anlehnung an Schulte 2004, S. 17)

Option	Inhalt
Risikovermeidung	Ausschluss bestimmter Arten von Geschäften
Risikoverminderung	Begrenzung der Art und des Umfangs der Geschäfte z. B. max. Kreditvolumen je Kunde
Risikoüberwälzung	Übertragung des Risikos auf Dritte z. B. durch Abschluss von Derivativgeschäften
Risikodiversifikation	Risikostreuung z. B. Eingehen von negativ korrelierten Positionen
Risikoübernahme	Bewusstes Akzeptieren von bestehenden (Rest-)Risiken

Die in den vorherigen Kapiteln vorgestellten komplexen Regelungen müssen bei der Einführung eines Risikomanagementsystems sachgerecht erfüllt werden. Hierbei sind Entscheidungen zu treffen, deren Vorhandensein und Übereinstimmung mit den Vorgaben sich später mit „ja" oder „nein" beantworten lassen, bei deren Entwicklung und Ausarbeitung aber die Wirkung auf die Handhabung des Liquiditätsrisikos abgeschätzt und bewertet werden muss. Die Dokumentation ist somit aus verschiedenen Gründen wichtig.

Da das Liquiditätsrisiko ein Teilrisiko der vielen auf ein Kreditinstitut einströmenden potentiellen Risiken ist, muss eine Gesamtrisikobetrachtung, die im Rahmen der Einführung eines Risikomanagementsystems erfolgen muss, viele Aspekte betrachten. Die wichtigsten Gesichtspunkte werden im Folgenden vorgestellt.

7.1 Identifikation der konkreten Liquiditätsrisiken

Ein Liquiditätsrisiko kann auf verschiedene Ursachen und Einflussgrößen (vgl. Tab. 7.1) oder Quellen (vgl. Tab. 7.2) zurückgeführt werden. Eine Identifikation sollte die Risiken untersuchen, die ihrerseits zu Liquiditätsrisiken führen. Es handelt sich dabei um Risiken, die für sich selbst wiederum untersucht werden müssen und zusätzlich weitere Folgen für die Entwicklung der Bank haben können. Beispielsweise kann das Adressenausfallrisiko in seiner Wirkung die Ursache für Liquiditätsrisiken sein, aber natürlich auch unter Umständen in höherem Maße ein Risiko für die Ertragskraft der Bank.

© Springer Fachmedien Wiesbaden 2015

H.-C. Brauweiler, *Risikomanagement in Kreditinstituten*, essentials,
DOI 10.1007/978-3-658-09062-3_7

Tab. 7.1 Einflussgrößen auf das Liquiditätsrisiko. (Quelle: Eigene Darstellung in Anlehnung an ZUBER 1987, S. 67 und SCHULTE, HORSCH S. 18 ff.)

strategisch		Eigentümer- oder Managementrisiken
operativ	Direkte	Terminrisiko
		Abrufrisiko
		Refinanzierungsrisiko
		Valutarisiko
	Indirekte	Ausfallrisiko/Kontrahentenrisiko/Erfüllungsrisiko
		Verlustrisiko
		Währungsrisiko
		Länderrisiko
		Zinsänderungsrisiko
		Preis- und Preisänderungsrisiko
		Fundingrisiko
		Bonitätsrisiko (auch Emittentenrisiko)
andere		Abwicklungsrisiken
		Betriebskostenrisiko

Tab. 7.2 Quellen von Liquiditätsrisiken

Dispositive Liquidität	Sicherung der jederzeitigen ausreichenden Zahlungsbereitschaft
	Zahlungsbereitschaft in lokaler Währung und in ausländischer Währung
	Verhinderung der Liquiditätsunterdeckung auch bei unerwartetem Liquiditätsbedarf
	Anlage von Liquiditätsüberschüssen
	Vorsteuerung durch Synchronisation der Geldversorgungs- und Geldverwendungsprozesse im bilanziellen und außerbilanziellen Geschäft
Barguthaben	Bargeld (oder Sorten) muss in ausreichendem Maße vorhanden sein, durch die körperliche Form braucht die Zurverfügungstellung unter Umständen einen Zeitvorlauf
Strukturelle Liquidität	Schwierigkeiten beim Schließen offener Positionen

Liquiditätsrisiken können sich aus den Eigentümer- und Managementrisiken ergeben. Diese haben sich bereits in den Vorgaben der Risikopolitik niedergeschlagen. Trotzdem sollten sie neben den anderen Risiken betrachtet werden, die aus dem Bereich der operativen und anderen Risiken erwachsen können. Hilfreich könnte hier eine Liste der Risiken sein, um sie auf der Suche nach bisher unidentifizierten Risiken abzuarbeiten.

Bei den *direkten Risiken* sollte untersucht und bemessen werden, wo und in welcher Höhe die Gelder der Bank nicht selbst gesteuert fließen, weil sie

- nicht frei werden, sondern weiter gebunden bleiben (Terminrisiko),
- unerwartet als Kreditzusagen oder wegen Eventualverbindlichkeiten abgerufen werden oder
- auf der Passivseite abfließen.

Auch können Fehlzahlungen zu einem Liquiditätsverlust führen.

Die *indirekten Risiken* betreffen die Nichterfüllung von Forderungen als Folge von Ausfall oder Zahlungsunwilligkeit des Kunden oder Kontrahenten aufgrund von Krisen des Kreditnehmers oder politischen Risiken seines Herkunftslandes (Länderrisiko). Weitere Risiken können entstehen, weil der ausgeliehene Betrag zwar nicht ausfällt, aber in geringerer Höhe zurückgezahlt wird, da der Preis gesunken ist (Verlustrisiko), aufgrund von Wertverlusten begründet aus der Person des Kreditnehmers (Bonitätsrisiko), oder weil das Geld nur in einer anderen Währung zur Verfügung steht (Währungsrisiko). Möglicherweise sind aber auch Positionen zu identifizieren, die aufgrund der Marktlage nicht geschlossen werden können oder bei denen sich aus dem Zinsänderungsrisiko mögliche weitere Auswirkungen auf die Liquidität zeigen. Weitere Risiken liegen im Bereich der Abwicklung der Geschäfte der Bank und im Risiko eigener Kosten und damit dem Abfluss von Liquidität.

Zur eigentlichen Identifikation des Liquiditätsrisikos ist eine genaue Analyse der Ausgangssituation notwendig, denn es sollen die vorrangigen Risikotreiber des Liquiditätsrisikos gesucht und gefunden werden. Dazu sind gewisse Voraussetzungen zu schaffen. Nur eine stringente Analyse bietet die Chance, dass Risiken adäquat identifiziert und bewertet werden. Die Voraussetzungen sind auf drei Ebenen zu sehen: der personelle, der technischen sowie der organisatorischen Ebene (vgl. Tab. 7.3).

Eine andere Art der Identifikation von Risiken könnte durch die Frage nach ihrem Entstehungsort stattfinden. Es geht dabei um das Wissen, wo in der Bank dieser Teilbereich bearbeitet wird. So wird die dispositive Liquidität in der Regel im Treasury, das Bargeld eher in den Filialen und die strukturelle Liquidität in den anderen Marktbereichen behandelt. Hier sind dann jeweils die Ziele anders: Gewinnmaximierung bei der Verauslagung oder Hereinnahme, fehlerfreies Processing der Gelder, aber auch der Erhalt des Standings der Bank kann ein Ziel sein.

Mit ganz anderen Aspekten, die sich auf das Risikomanagement auswirken können, beschäftigt sich die *IT einer Bank*. Falsche bzw. fehlende Daten oder ein fehlender Zugriff auf die Bewertungsschemata oder das Dispositionssystem auf-

Tab. 7.3 Ressourcenbedarf und Voraussetzungen der Risikoidentifikation

Personelle Voraussetzungen	Ausreichende Kapazitäten, sach- und fachgerechtes Know-how, Risikobewusstsein, Erfahrung im Umgang mit Risikoanalyseverfahren und -methoden
Technische Voraussetzungen	Cashflow, Datenhistorie aus eigenen Daten und Daten zu Preisen, Kursen, Zinssätzen usw.; Zugriff auf externe Daten für eine weitere Analyse des Umfeldes der Bank, entsprechende Auswertungs- und Analysesoftware
Organisatorische Voraussetzungen	Zeitnahe und regelmäßige Berichterstattung über die Geschäftsvorfälle mit allen Daten (Vollständigkeit der herangezogenen Daten), Risikokultur

grund von technischen Schwierigkeiten können schnell zu unkalkulierbaren Risiken führen. Noch weiter entfernt von den Handlungen im Markt und im Treasury liegen Analyseobjekte wie die Reklamationen der Kunden, die Aufschluss geben können über Mängel im Prozess. Diese Fragestellung kann parallel zu den anderen beschriebenen Möglichkeiten abgearbeitet werden.

Die Risikoidentifikation muss historische Daten beinhalten und darf sich nicht darauf beschränken, die erwarteten und die extremen Zu- und Abgänge zu berücksichtigen. Sie muss vielmehr die Abflüsse präziser analysieren und dabei möglicherweise bis auf die Einzelgeschäfts- oder Kontenebene heruntergehen.

Die *Analyse historischer Daten* ist wichtig, weil somit Trends und zyklische Verläufe zu erkennen sind, aus denen sich Risikostrukturen herauslesen lassen. Außerdem können weitere Analyseverfahren, z. B. nach den größten Positionen oder Kunden, erfolgen.

Bei den *unerwarteten Abflüssen* kann unter Zuhilfenahme der historischen Daten eine statistische Annahme getroffen werden. Dieses errechnete oder geschätzte Ergebnis sollte abschließend nach einer Verifizierung noch korrigiert werden können, indem auf *Erfahrungswerte* zurückgegriffen wird, die sich möglicherweise nicht oder nur mit unverhältnismäßigem Aufwand aus den historischen Daten ablesen lassen. Hierbei handelt es sich also nicht um ein Schema zur Hochrechnung eines möglichen Risikos unter Zugrundelegung einer geplanten Ausweitung, sondern um präzisere Praxisannahmen, deren Richtigkeit beim neuen Durchlaufen der Schleife verifiziert werden kann. Die historischen Zahlen lassen sich durch einfache Trendextrapolation fortführen, wenn man eine eher berechenbare Entwicklung für die Zukunft annimmt. Nur auf diese Art und Weise lassen sich die wesentlichen Risiken finden.

Die Betrachtung der möglichen Risiken sollte Liquiditätsaspekte, geordnet nach den Grundaufgaben des Bankbetriebs, umfassen. Es sollten zusätzlich aber auch die Liquidierbarkeit der Aktivpositionen und auch die außerhalb des aktuellen Zahlenwerks liegenden Liquiditätspotenziale analysiert werden. Wünschenswert ist in diesem Zusammenhang auch das Heranziehen externer Werte. Sie können Aufschluss geben über Fehlentwicklungen, ein Abkoppeln vom Markt (Benchmarking) oder sie können eine Hilfestellung für die Analyse der Märkte sein.

Eine *Risikoinventur*, also das Untersuchen der Bank, ihres Umfeldes, ihrer Vergangenheit, Gegenwart und Zukunft auf Risikotreiber, braucht Informationen. Das sind qualitative aber auch quantitative Aussagen. Die Identifizierung fragte: „Wo ist das Risiko?", der nächste Schritt wird fragen: „Wie hoch ist das Risiko?"

7.2 Quantifizierung des Liquiditätsrisikos

Die Übergänge zwischen Identifikation der Liquiditätsrisiken und deren Quantifizierung können fließend sein, denn die Identifikation muss die Risikofelder nicht nur aufzeigen, sondern sollte auch Aufschluss darüber geben, ob es sich um wesentliche Risiken handelt. Im ersten Anlauf wird das allerdings nur mit einer groben Quantifizierung möglich sein. So sollte die Phase der Quantifizierung präziser sein als die Berechnung in der Phase der Identifikation.

Neben der quantitativen Schätzung der zukünftigen Bilanzwerte und der Potenziale kann die *Analyse im Bereich des Zahlungsverkehrs* weiter detailliert werden.

Beim Zahlungsverkehr könnte man zwischen den fremdbestimmten und den selbstbestimmten Zahlungen unterscheiden. Gerade die *fremdbestimmten Zahlungen* können verschiedene Ursachen haben (Bezahlung, Kauf zugunsten des Wertpapierdepots bei der Bank oder reine Durchleitung von Geldern). Weiter ließe sich dabei zwischen den avisierten Geldern und den nicht avisierten Geldern unterscheiden, die, wenn sie am Abend kommen, zu ungenutzter Liquidität führen können. Sind späte Eingänge nur ein möglicher GuV-Minderertrag, wenn sie ungenutzt auf unverzinslichen Konten bei den Nostrobanken verbleiben, so sind späte Zahlungsaufträge ein Risiko. Hier könnte die Bank also weiter differenzieren und bereits hier eine Grundlage schaffen für eine präzisierte Quantifizierung der Risiken in einem nächsten Schritt.

Um bei der späteren Steuerung die relevanten Informationen und Impulse zu erhalten, muss sichergestellt werden, dass es eine Möglichkeit gibt festzustellen, welche Gelder prolongiert oder gehalten, bzw. welche substituiert werden müssen. Die erwarteten Abflüsse müssen berechnet und die unerwarteten Abflüsse quantifiziert werden. Dazu können statistische Annahmen getroffen werden.

Tab. 7.4 Kurzfristiger Liquiditätsplan bzw. -übersicht. (Quelle: Eigene Darstellung in Anlehnung an BIERNAT 2008)

	Heute	**Heute**	**Heute+2**	**Heute+3**
Kassen- und Sortenbestände	Vorrat	Vorrat bei anderen Instituten		
Saldo Bundesbank (LZB-Konto)	Sofort verfügbar (abzgl. Mindestreserve)			
Salden auf Nostrokonten		Beachte Annahmefristen für Zahlungen	Devisengeschäfte	
Liquiditätsreserve Wertpapiere (beleihbar bei der Bundesbank)	Falls bereits dort deponiert		Beachte Abwicklungs-zeiten	
Liquiditätsreserve Kredite (beleihbar bei der Bundesbank in KEV)	Falls bereits dort eingereicht		Beachte Einreichungs-fristen	
Repo-Möglichkeiten			Beachte Usance	
Unwiderrufliche Liquiditätslinien	Verfügbarkeit je nach Vereinbarung			
Saldo heute	<u>Summe</u>	Summe heute	Summe heute	Summe heute
Saldo heute +1		<u>Summe</u>	Summe heute +1	Summe heute +1
Saldo heute +2			<u>Summe</u>	Summe heute +2
Saldo heute +3				<u>Summe</u>

Danach sollte eine Untersuchung erfolgen, die die *zusätzlich kurzfristig bereitstehende Liquidität* kalkuliert, und zwar nach dem Zeitpunkt ihres tatsächlichen Zur-Verfügung-Stehens (vgl. Tab. 7.4). Dabei muss es sich um eine Planung handeln, die unter Umständen zwei oder mehr Geschäftstage nach vorne blickt. Dies basiert auf zwischen Banken üblichen Usancen oder zeitlichen Verzögerungen

Tab. 7.5 Liquiditätsmöglichkeiten und Ressourcenübersicht. (Quelle: Eigene Darstellung in Anlehnung an Biernat 2008)

	Bundesbank	Bank A	Bank B
Darlehen gegen Sicherheiten	ja/nein/Betrag	ja/nein/Betrag	ja/nein/Betrag
Darlehen/strukturelle Liquidität ohne Sicherheit	ja/nein/Betrag	ja/nein/Betrag	ja/nein/Betrag
Verkauf von Forderungen	ja/nein/Betrag	ja/nein/Betrag	ja/nein/Betrag
Verkauf börsengängiger Wertpapiere	ja/nein/Betrag	ja/nein/Betrag	ja/nein/Betrag
Verkauf von Edelmetallen	ja/nein/Betrag	ja/nein/Betrag	ja/nein/Betrag
Abwicklung des Zahlungsverkehrs/anderes Clearing	ja/nein/Betrag	ja/nein/Betrag	ja/nein/Betrag
Abschluss von Termingeschäften	ja/nein/Betrag	ja/nein/Betrag	ja/nein/Betrag
Abschluss von Währungstermingeschäften und Swap-Geschäften	ja/nein/Betrag	ja/nein/Betrag	ja/nein/Betrag
Abschluss von Derivativen, auch Optionen	ja/nein/Betrag	ja/nein/Betrag	ja/nein/Betrag
Abschluss von Versicherungen	ja/nein/Betrag	ja/nein/Betrag	ja/nein/Betrag

durch notwendige Arbeitsschritte und Prüfprozesse. Ferner ist zu beachten, dass es zu Verschiebungen bei der Tageberechnung kommen kann, die sich aus unterschiedlichen Feiertagen in den internationalen Märkten ergeben.

Eine weitere Kalkulation sollte im Rahmen der *Funding-Planung* untersuchen, welche Möglichkeiten im Rahmen von Interbankengeschäften zur kurzfristigen Liquiditätsbeschaffung bestehen (vgl. Tab. 7.5).

Dabei kann es sich neben der Beschaffung von unbesicherten Interbankengeldern auch um das Veräußern von Aktiva handeln. Die Untersuchung sollte auch Möglichkeiten des eigenen Clearings umfassen, das in Notsituationen bei oder über andere Institute durchgeführt werden kann.

Für eine quantitative Abschätzung der Risiken ist auch eine *Risk Map* geeignet, die die Risikokategorien trennt, aber nicht direkt den wahrscheinlichen Betrag abfragt, sondern zusätzlich die Wahrscheinlichkeit des Eintretens des Risikos (Brauweiler 2015, S. 7–9). Auf diese Weise lässt sich z. B. abschätzen, welcher Betrag voraussichtlich abfließen wird und wieder eingedeckt werden muss (vgl. Tab. 7.6).

Neben den eigenen Quantifizierungen der Bank muss auch die *Quantifizierung nach der Liquiditätsverordnung* (LiqV) beachtet werden. Sofern kein eigener Ansatz für die Bemessung entwickelt und angewendet wird, ist der Bankenaufsicht

Tab. 7.6 Risk Map nach Risikokategorien. (Quelle: Eigene Darstellung in Anlehnung an Biernat 2008)

		Der wahrscheinliche Betrag (Probability of Amount held) in Mio.	Faktor des erwarteten Abzugs innerhalb der nächsten 3 Monate (expected withdrawal in next three months)	Withdrawal (geschätzter Abfluss) = Betrag × Faktor
Fälligkeit Aktiva	Welches Volumen an Geschäften wird bei Fälligkeit nicht zurückgezahlt, sondern prolongiert werden?			
Fälligkeit Passiva	Welches Volumen an Geldern wird trotz eventueller Zugeständnisse im Zinssatz aus der Bank abfließen oder in andere nicht bankeigene Anlagen getauscht werden?			
Inanspruch- nahme Eventuale	Mit welchen Beträgen wird die Bank in Anspruch genommen, die bargedeckt sind? (Verlust der Liquidität)			
	Mit welchen Beträgen wird die Bank in Anspruch genommen, die sie finanzieren muss (Anschluss- finanzierung, für die Liquidität beschafft werden muss)?			
Eigentümer- oder Manage- mentrisiken	Werden kurzfristige Einlagen der Gesellschafter, die der allgemeinen Refinanzierung dienen, abgezogen werden?			
Terminrisiko	Welches Volumen an Geldern wird vorab gekündigt werden, weil das durch die Ausgestaltung des Ver- trages möglich ist?			
Abrufrisiko	Welche Gelder werden aus bereitgestellten Linien (widerrufliche oder unwiderrufliche Kreditzusagen) voraussichtlich abgerufen werden, oder mit welchen Geldern wird die Bank ihren Kreditnehmern zusätz- lich zu zugesagten Linien zur Verfügung stehen müssen?			

Tab. 7.6 (Fortsetzung)

		Der wahrscheinliche Betrag (Probability of Amount held) in Mio.	Faktor des erwarteten Abzugs innerhalb der nächsten 3 Monate (expected withdrawal in next three months)	Withdrawal (geschätzter Abfluss) = Betrag × Faktor
Refinanzierungs-risiko	Welche Beträge können nicht oder nur in unzureichendem Maße fristenkongruent geschlossen werden (z. B. nur kurzfristige Mittelbeschaffung möglich anstelle von langfristiger Refinanzierung)?			
Valutarisiko	Wie hoch sind die Kosten aus operationellen Risiken bei der Zahlung von Geldern?			
Ausfallrisiko/ Kontrahenten-risiko/ Erfüllungsrisiko	Werden erwartete Gelder aus Kredit- oder Zinszahlungen oder derivativen Geschäften aufgrund von Problemen der Kreditnehmer nicht gezahlt?			
Verlustrisiko	Welche Liquiditätsrisiken können aus Eigengeschäften der Bank entstehen?			
Währungsrisiko	Welche Risiken können durch nicht geschlossene Währungspositionen entstehen, insbesondere bei Zahlungen in der Zukunft?			
Länderrisiko	Welche Investitionen im Ausland werden aus politischen/staatlichen Restriktionen keinen Ertrag (Zinszahlungen) abwerfen oder Not leidend werden (keine Kapitalrückzahlung)?			
Zinsänderungs-risiko	Welche Kosten können bei nicht geschlossenen Zinsrisikopositionen durch Zinssatzänderungen am Markt entstehen?			
Preis- und Preis-änderungsrisiken	Welche offenen Positionen können nicht oder nur zu einem ungünstigeren Zinssatz geschlossen werden?			

Tab. 7.6 (Fortsetzung)

		Der wahrscheinliche Betrag (Probability of Amount held) in Mio.	Faktor des erwarteten Abzugs innerhalb der nächsten 3 Monate (expected withdrawal in next three months)	Withdrawal (geschätzter Abfluss) =Betrag ×Faktor
Bonitäts-risiko (auch Emittentenrisiko)	Bei welchen Investitionen ist aufgrund von Ursachen, die ihre Ursache im Kreditnehmer haben, damit zu rechnen, dass Zahlungen nicht oder nur teilweise bei Fälligkeit beglichen werden können?			
Abwicklungs-risiken	Wie hoch ist das Risiko aus operationellen Risiken in der Abwicklung der eingegangenen Geschäfte, aus denen in der Folge Risiken wie Ansehensverlust oder Kosten entstehen können?			
Betriebskosten-risiko	Welche Risiken bestehen wegen zusätzlicher, unerwarteter oder außerplanmäßiger Kosten, die geleistet werden müssen, um den Geschäftsbetrieb weiter aufrecht erhalten zu können (Anschaffungen, Kampagnen, Personalkosten wie Abfindungen, sprungfixe Kosten in der IT oder ähnliches)?			

Tab. 7.7 Risikoquantifizierung nach Zeitfächern. (Quelle: Eigene Darstellung in Anlehnung an LiqV und FIACK, NIELSEN 2006, S. 544)

LiqV	1/3/6/12 Monate Restlaufzeit
Alternativen	15 Tage/45 Tage usw. (da handelbar: 1 Monat)
	Einteilung über 1 Jahr hinaus
Fälligkeit nicht fixiert	Gliederung nach voraussichtlichem Zahlungsfluss

der Liquiditätsstatus anhand der Formulare zur LiqV zu melden. Die Laufzeitbänder der LiqV sind allerdings in der Regel nicht ausreichend, da sie bei einem Jahr enden (vgl. Tab. 7.7).

Damit ist die Bank gefordert, zusätzlich eine Quantifizierung für darüber hinausgehende Zeithorizonte nach eigenen Maßstäben durchzuführen, somit eine eigene Anrechnung zu treffen (z. B. einheitliche Anrechnung aller Forderungen und Verbindlichkeiten zu 100 %) und eine entsprechende eigene *Festlegung von Zeitfächern*:

- Getrennt nach Währungen oder Annahme der jederzeitigen Tauschbarkeit der Währungen;
- Präzisierung der Zeitfächer nach Tagen 30/90/180/360 oder Ausrichtung an Handelsusancen (z. B. Handel am Ultimo auf die jeweils folgenden Ultimo);
- Problematik von Feiertagen, an denen weder gezahlt noch gehandelt werden kann (Zeitverzögerung bei Währungstausch).

7.3   Quantifizierung aufgrund von Marktentwicklungen

Weiterhin ist die Quantifizierung aufgrund von Marktentwicklungen notwendig. Hierzu gehören die *Zinsentwicklung*, die einen möglichen Rückschluss auf Markttendenzen zulässt. Hier könnte der Frage nachgegangen werden, ob sich aus dem Verlauf der Zinsentwicklung Rückschlüsse auf mögliche Liquiditätsüberschüsse oder Liquiditätsdefizite im Markt ziehen lassen. Wird dieser Zusammenhang erkannt, dann könnte auf die Erwartungshaltung im Markt, die Liquiditätsentwicklung betreffend, geschlossen werden.

- Eine *normale* Zinskurve,[1] die weiter steiler ansteigt, könnte eine Verknappung von langfristigen Geldern bedeuten. Es sollten also langfristige Gelder aufge-

---

[1] Eine normale Zins(struktur)kurve bedeutet, dass für langfristige Geldanlagen auch (aufgrund des längeren Konsumverzichts, der höheren Unsicherheit mit längeren Perioden usw.) höhere Zinsen zu zahlen sind. Bei einer inversen Zinsstruktur müssen für kurzfristige

nommen werden, um diese mit einem größeren Spread oder für den Kreditnehmer günstige Konditionen verleihen zu können.

- Eine *inverse* Zinskurve sollte dazu führen, dass das Risiko der Geldausleihung
  nicht mehr in einem höheren Zinssatz für die längere Laufzeit vergütet wird,
  und daher nur noch kurzfristige Gelder vergeben werden.
- Eine *flache* Zinskurve ist indifferent. Positionen sollten geschlossen werden
  oder nur zu spekulativen Zwecken offengehalten werden, da die Entwicklung
  der Zinsen oder die Veränderung der Zinsstruktur nicht abgeschätzt werden
  kann.
- Steigt die Kurve nicht, sondern verändert nur ihre Lage nach oben oder unten,
  so könnte aus einem Ansteigen auf eine Geldverknappung geschlossen werden;
  bei einem sinkenden Niveau könnte auf eine vermehrte Geldbereitstellung geschlossen, also Anlagen zügig getätigt werden. Das Erkennen dieser Tendenzen
  bei der Quantifizierung kann bereits jetzt wichtige Impulse für die Phase der
  Steuerung geben.

7.4 Steuerung der Liquiditätsrisiken

Nach erfolgter Quantifizierung muss aus den vorliegenden Zahlen der sachgerechte Schluss gezogen werden. Dafür ist es nötig, die Zahlen richtig zu interpretieren.
Bereits bei der Quantifizierung sollten die Limite den tatsächlichen Auslastungen
gegenübergestellt werden. Die notwendigen Maßnahmen zu ergreifen, ist dann
Aufgabe der Steuerung. Aber auch bei nicht überschrittenen Limiten oder Warn-
grenzen gilt es, aus Entwicklungen den richtigen Schluss zu ziehen und unter Umständen bereits vorab Maßnahmen zu ergreifen.

Die Steuerung der Liquiditätsrisiken sollte im Rahmen einer *Gesamtbanksteuerung*, also nicht losgelöst von anderen Zielen der Bank, erfolgen. Das kann
aufgrund von Zielkonflikten dazu führen, dass Maßnahmen, die aus Sicht der Liquiditätssteuerung sinnvoll erscheinen, aus Sicht der Gesamtbanksteuerung nicht
geschehen dürfen. Ist aus Sicherheitsgründen der Bodensatz, der für die täglich
fälligen Gelder gehalten wird, zu groß, so führt das zu vermindertem Ertrag im
Zinsergebnis, wenn Zinsvorteile nicht genutzt werden können. Wird zu wenig Liquidität gehalten, so können unter Umständen bestimmte Geschäfte nicht gemacht
werden, da momentan keine Refinanzierung zur Verfügung steht. Hier muss also
wegen der Ausgewogenheit Rücksicht auf andere Risiken genommen werden.

Geldanlagen höhere Zinsen gezahlt werden als für langfristige Geldanlagen. Diese Struktur
kommt selten und wenn dann nur relativ kurzzeitig vor. Dazwischen liegt eine flache Zinskurve, bei der für alle Zeitdauern fast der gleiche Zinssatz gilt.

7.5 Steuerung mit der Risk Map

Erfolgt die Risikoquantifizierung anhand einer Risk Map, so könnte bereits in der Steuerungsphase regelnd eingegriffen werden. Eine beispielhafte Quantifizierung könnte wie in Tab. 7.8 abgebildet aussehen.

Tab. 7.8 Liquiditätsbedarfsquantifizierung mittels Scoring. (Quelle: Eigene Darstellung in Anlehnung an KUHN 2006, S. 190)

	Risk map	Der wahrscheinliche Betrag (probability of amount held) in Mio.	Faktor des erwarteten Abzugs innerhalb der nächsten 3 Monate (expected withdrawal in next 3 months)	Withdrawal
A	Fälligkeit Aktiva	50	40	20
B	Fälligkeit Passiva	40	50	20
C	Inanspruchnahme Eventuale	5	45	2,3
D	Inanspruchnahme Eventuale mit Geldbeschaffung	5	35	1,8
E	Eigentümer- oder Managementrisiken	0	0	0
F	Terminrisiko	30	40	12
G	Abrufrisiko	6	25	1,5
H	Refinanzierungsrisiko	70	15	10,5
I	Valutarisiko		0	0
J	Ausfallrisiko/Kontrahentenrisiko/ Erfüllungsrisiko	17	10	1,7
K	Verlustrisiko	80	14	11,2
L	Währungsrisiko	5	8	0,4
M	Länderrisiko	120	15	18
N	Zinsänderungsrisiko		0	0
O	Preis- und Preisänderungsrisiken	130	15	19,5
P	Bonitätsrisiko (auch Emittentenrisiko)	30	20	6
Q	Abwicklungsrisiken		0	0
R	Betriebskostenrisiko		0	0
			Summe	124,9

Die Interpretation der Ergebnisse der Risk Map ergibt, dass in einem Zeitraum von drei Monaten mit einer Deckungslücke von 124,9 Mio. zu rechnen ist. Diese Lücke muss durch Refinanzierungsmöglichkeiten theoretisch gedeckt werden können. Die Maßnahmen sollten anhand der Funding-Planung abgeglichen werden.

Die Höhe und die Wahrscheinlichkeit des Eintretens der Risiken werden mit der Risk Map anschaulich abgebildet und ermöglichen eine *Priorisierung der zu behandelnden Risiken* (Brauweiler 2015, S. 7–9).

Als Interpretation kann man in diesem Fall die folgenden Aussagen treffen: Die Bank sieht sich nicht unwesentlichen Risiken im Liquiditätsbereich gegenüber. Hierbei sind aber weder die betragsmäßig höchsten Risiken, noch die mit der höchsten Wahrscheinlichkeitsrate unbedingt die gefährlichsten. Vielmehr macht die Kombination aus Wahrscheinlichkeit und Betrag, also der *Erwartungswert,* die Risiken so bedeutend.

Im vorliegenden Beispielfall müssen demnach die *folgenden vier Risiken* priorisiert werden:

- A → Fälligkeit Aktiva,
- B → Fälligkeit Passive,
- O → Preis- und Preisänderungsrisiken und
- M → Länderrisiko.

Wenn für das Liquiditätsrisiko derartig hohe Schätzwerte angegeben werden, müsste in diesem Fall mit den Fachabteilungen, in denen diese Risiken angesiedelt sind, ein Gespräch geführt werden, denn danach müssten z. B. Rückstellungen in nicht unerheblicher Höhe für das Bonitätsrisiko (P) gebildet werden.

Die Verlust- (K), Preis- bzw. Preisänderungsrisiken (O) und Währungsrisiken (L) sind unter Umständen nicht derartig hoch in der Risikotragfähigkeit abgebildet. Sollten sich die Risiken wie dargestellt ergeben, so müsste über ein Schließen der Positionen und einen möglichen Verkauf oder Aussyndizierung (Auslagerung, Verkauf) der Risiken im Bonitätsbereich nachgedacht werden.

Diese Überlegungen müssen vor dem Hintergrund der festgestellten oder eingeschätzten Risikotragfähigkeit und der jeweiligen Risikostrategie des Unternehmens überprüft und durchgeführt werden. Das alles immer vor dem Hintergrund der Möglichkeiten der Risikotragfähigkeitsrechnung.

Zu einem späteren Zeitpunkt könnte dann eine Risk Map für den Fortschritt und Rückschritt einzelner Maßnahmen der Risikophasen eingeführt werden. Mit der Gapanalyse soll beispielhaft dargestellt werden, welche Auswirkung steuernde Maßnahmen durch den Abschluss von Geschäften zur Liquiditätssicherung haben.

7.6 Kommunikation

Der Bereich der Kommunikation muss mit dem Problem der asymmetrischen Informationsverteilung umgehen und dieses lösen. Hierzu gehören Prozesse und Verantwortlichkeiten, damit die benötigten Daten und Informationen schnellstmöglich dorthin gelangen, wo sie gebraucht werden.

Für eine Strukturierung der Kommunikation sollte unterschieden werden, wie die Kommunikation erfolgen soll – schriftlich oder im Gespräch. Nach ihrer Art lässt sich die Kommunikation zudem differenzieren in die Vorsorgekommunikation, die Legitimationskommunikation und die Krisenkommunikation.

Wichtig ist auch die Dokumentationsfunktion, die Kommunikation allgemein hat. Je nach Empfänger können unterschiedliche Wesentlichkeitsgrenzen gelten, wobei Schwellenwerte als Auslöser für einen Ad-hoc-Bericht oder eine Meldung dienen.

Darüber hinaus gibt es auch noch regelmäßiges Reporting ohne dass zwingend Schwellenwerte überschritten werden. Die Schwellenwerte, auch Trigger genannt, können somit auch als Frühwarnindikatoren bezeichnet werden.

Die Darstellung des Liquiditätsrisikos muss nicht nur den Anforderungen der internen, sondern auch der der externen Empfänger genügen. Die Meldungen und Berichte müssen einen klaren Überblick verschaffen, unmissverständlich sein sowie die Daten auf wenige (absolute oder relative) Kennzahlen zusammenführen. Die Meldungen sollten dabei nicht nur Zahlen enthalten, sondern können sich sehr wohl auf die textliche Mitteilung beschränken, da sie auch nicht nur das Ergebnis einer Zahlenanalyse sein können, sondern das Ergebnis einer Einschätzung oder Meinung des Senders bezüglich der aktuellen Lage, der Zukunft oder sonstiger Prämissen in und außerhalb der Bank bzw. des Unternehmens.

Erfolgt die Darstellung in einer vorgegebenen, formularartigen Form, so ist eine Anlehnung an Formate der Aufsicht möglich. Dies ist z. B. der Fall bei Liquiditätsablaufbilanzen oder bei Cashflow-Prognosen, die sich an Regelungen der LiqV ausrichten.

Wichtig ist eine Dokumentation der Prozesse, der Limite, der Trigger, der Verantwortlichkeiten und der Meldewege. In der Umsetzung sollte die Kommunikation der Bank mindestens *drei Ebenen* umfassen:

- Es sollte ein *Berichtswesen* geben, das technisch ausgereift und nach einem festgelegten Plan erstellt wird. Dabei wird es notwendig sein, Berichte und Informationen für bestimmte Risiken, wie z. B. die Planung der Liquidität in den Clearingsystemen oder auf den Nostrokonten, mehrmals täglich zu verschicken.

- Es sollte *Treffen* geben, in denen die verschiedenen Bereiche Markt/Treasury, Abwicklung, Controlling und Management verschiedene Aspekte der Liquiditätsplanung bzw. -versorgung und des Risikos ansprechen können. Ferner sollte es Treffen zwischen den einzelnen Bereichen oder Abteilungen geben, um neue Entwicklungen zu besprechen. Der Informationsfluss zwischen Geschäftsleitung und Revision und Geschäftsleitung und Anteilseignern erfolgt formalisiert und beinhaltet das Liquiditätsrisiko, als einen Aspekt unter vielen, darum soll hier nicht weiter darauf eingegangen werden.

- Es muss einen *Plan* geben, der auf Marktverwerfungen oder Krisensituationen ausgerichtet ist. Darin muss enthalten sein, welche Entscheidungsträger benachrichtigt werden. Der Plan muss neben den tatsächlichen Informationswegen (Telefonnummern, Mailadressen) auch Informationen enthalten, welche Ad-hoc-Berichte zur Verfügung gestellt werden müssen, um eine zügige Entscheidungs- oder Lösungsfindung zu ermöglichen.

Aus den gewonnenen Erkenntnissen müssen an dieser Stelle die richtigen Schlüsse gezogen werden, um zwischen der Politik, dem Wollen und dem Ist, den tatsächlichen Gegebenheiten und Möglichkeiten eine Harmonie herzustellen.

7.7 Stresstests

Zusätzlich zu den vorgestellten Abläufen und Prozessen soll noch auf die *Stresstests* eingegangen werden, die durch Sensitivitätsanalysen die Robustheit der Planung überprüfen und Vorausschau auf Sonderereignisse bieten.

Bei den Stresstests soll es sich um Schätzungen zu nicht alltäglichen Geschehnissen handeln. Hier können Ereignisse wie 9/11 oder marktliche-konjunkturelle Brüche (1. und 2. Ölkrise in den 1970er Jahren, Subprime-Krise), die erratische Schwankungen an den Märkten hervorrufen, in die Risikoanalyse einbezogen werden. Die Schätzungen können und müssen sich immer auf einzelne Teilbereiche beziehen, also z. B. auf verschiedene Produkte, Märkte oder Währungen. Statt neuer Szenarien ist auch das Stressen von Annahmen in den Modellen denkbar.

Durch Liquiditätsabflüsse kann, wie vorhergehend verschiedentlich dargestellt, zusätzlicher GuV-Aufwand bzw. GuV-Mindererlös entstehen. Ist dies tatsächlich der Fall, so muss in einem weiteren Schritt dann die Auswirkung der GuV-Veränderung auf die Risikotragfähigkeit analysiert werden. Damit tragen die Stresstests den Erkenntnissen Rechnung, dass das Liquiditätsrisiko nicht losgelöst von anderen Risiken betrachtet werden darf.

In der Wahl der Szenarien ist eine Bank grundsätzlich frei, sie kann z. B. auf Vorschläge zugreifen, die in diesem Zusammenhang für tatsächliche Ereignisse

Tab. 7.9 Liquiditätsbedarfsquantifizierung mittels Scoring. (Quelle: Eigene Darstellung in Anlehnung an Monetary Authority of Singapore 2003, S. 28)

Liquiditätsprobleme	2001 → 11.-September-Liquiditätsprobleme, Gefahr von abrupten Zinserhöhungen
Länderrisiko	2002 → Argentinien: Einstellung von Zahlungen
Kreditausfälle	2002 → Betrugsfälle ENRON, WorldCom
Liquiditätsprobleme	2007 → Subprime-Krise: Einstellen des Interbanken-Geldhandels

seit dem 11. September 2001 gemacht wurden (Monetary Authority of Singapore 2003, S. 28). Sie sollten jedoch realistisch sein.

Bei der Analyse der Stress-Szenarien sollte dann auch der *Notfallplan* untersucht werden. Für die Notfallplanung sollten entsprechende Tests und Dokumentationen vorliegen, wie auch die Darstellung der Kommunikationswege im Krisenfall. Der Notfallplan sollte Bestandteil der Strategie zur Handhabung der Krise sein und Hilfestellung dazu bieten, welche Maßnahmen ergriffen werden müssen, wie es z. B. das Verfahren zur Mittelbeschaffung (Back-up-Liquidität) zeigen sollte.

Als Nebenaufgabe eines Stresstests für eine Liquiditätskrise sollte auch die *Außenwirkung* berücksichtigt werden. Im Falle einer Krise sollte eine Information über mögliche Liquiditätsschwierigkeiten durch eine enge Kommunikation mit folgenden Stellen erfolgen:

- Mitarbeitern, Aufsichtsrat,
- Aufsichtsbehörden,
- Geldgebern und anderen wichtigen Kontrahenten am Markt, auch mit denen, die Back-up-Liquidität zur Verfügung stellen könnten,
- Public Relations, um Imageschäden zu vermeiden und zukunftsweisend ein gutes Klima zu erhalten.

Die Analyse der Stress-Szenarien darf allerdings nicht bei der losgelösten Analyse einer einzelnen Situation belassen werden, denn es bestehen möglicherweise *Kumulationen* zwischen den Szenarien. Kann eventuell ein Extrem-Szenario Auslöser eines weiteren Szenarios sein? Könnte eine Staatskrise dazu führen, dass andere Märkte in den Strudel hineingezogen werden und es damit zu Liquiditätsrisiken dort kommt? Diese Wechselwirkungen oder sich verstärkenden Szenarien bieten gute Ansatzmöglichkeiten für Stresstests und damit ein besseres Verständnis der Risikosituation an sich.

Die Stresstests runden den Risikomanagementprozess ab, indem sie nicht nur eine Bemessung der alltäglichen Risiken und der aktuellen Entwicklung, sondern auch eine Interpretationsmöglichkeit zur Diskussion möglicher, in der Zukunft liegender, bisher unentdeckter Ereignisse und Entwicklungen bieten.

Was Sie aus diesem Essential mitnehmen können

- Eine grundlegende Darstellung der insbesondere juristischen Ursachen und Gründe für Risikomanagement in Kreditinstituten.
- Die Bestimmungsgrößen kennen, auf denen Banken ihre Risikostrategie und -politik aufbauen.
- Wege zur Analyse und Quantifizierung von Risiken.
- Eine exemplarische Risikoanalyse am Beispiel des Liquiditätsrisikos.

© Springer Fachmedien Wiesbaden 2015
H.-C. Brauweiler, *Risikomanagement in Kreditinstituten*, essentials,
DOI 10.1007/978-3-658-09062-3

Literatur

Albert, Anja. 2007. Bankenaufsichtliche Regulierung des Liquiditätsrisikomanagements. In *Ertragsorientiertes Liquiditätsrisikomanagement. Neue Vorgaben der Liquiditätsverordnung und MaRisk; kurz-, mittel- und langfristige Liquiditätssteuerung; Funding im Verbund von Sparkassen und Genossenschaftsbanken; Controlling sowie Prüfung des Liquiditätsrisikos*, Hrsg. Stefan Zeranski, 3–55. Heidelberg: Finanz Colloquium.

Albrecht, Peter. 1998. Auf dem Weg zu einem holistischen Risikomanagement? *Versicherungswirtschaft* 54 (19): 1404–1409. (Nr. 110)

Angermüller Niels Olaf, Michael Eichhorn, und Thomas Ramke. 2006. Liquiditätsrisiken: Grundlagen, Management und bankenaufsichtsrechtliche Anforderungen. In *Handbuch MaRisk. Mindestanforderungen an das Risikomanagement in der Bankpraxis*, Hrsg. Axel Becker et al., 477–499. Frankfurt a. M: Knapp.

Baetge, Jörg, und Andreas Jerschensky. 1999. Frühwarnsysteme als Instrument eines effizienten Risikomanagement und -Controlling. *Controlling* 10 (4/5): 171–176.

Basler Ausschuss für Bankenaufsicht. 2000. Sachgerechte Methoden für die Steuerung der Liquidität in Bankinstituten. Unter Mitarbeit von Arbeitsgruppe „Risikomanagement" des Basler Ausschusses für Bankenaufsicht, Basel. http://www.bis.org/publ/bcbs69de.pdf. Zugegriffen: 15. Jan. 2015.

Becker, Axel, et al. Hrsg. 2012. *Handbuch MaRisk und Basel III: Neue Anforderungen an das Risikomanagement in der Bankpraxis*. Frankfurt a. M: Knapp, Fritz.

Biermann, Bernd. 2002. Modernes Risikomanagement in Banken. In *Handbuch des Risikomanagements. Analyse, Qualifizierung und Steuerung von Marktrisiken in Banken und Sparkassen*, Hrsg. Roland Eller, 103–126. Stuttgart: Schäffer-Poeschel.

Brauweiler, Hans-Christian. 2008. Die Bedeutung des Controllings im Rahmen der Basel II-Erfordernisse. In *Unternehmensführung heute*, Hrsg. Hans-Christian Brauweiler, 61–68. München: Oldenbourg.

Brauweiler, Hans-Christian. 2009. Corporate Governance in der Subprime-Krise. *io new management* 04:8–11. (Zürich)

Brauweiler, Hans-Christian. 2015. *Risikomanagement in Unternehmen – Ein grundlegender Überblick für die Management-Praxis*. Wiesbaden: Gabler.

Brühwiler, Bruno. 2007. *Risikomanagement als Führungsaufgabe*. Berlin: Haupt.

© Springer Fachmedien Wiesbaden 2015
H.-C. Brauweiler, *Risikomanagement in Kreditinstituten*, essentials,
DOI 10.1007/978-3-658-09062-3

Bundesamt für das Kreditwesen. 1995. Mindestanforderungen an das Betreiben von Handelsgeschäften der Kreditinstitute. MaH. 23.10.95. http://www.bafin.de/SharedDocs/Downloads/DE/Jahresbericht/dl_jb_1995_bakred.pdf?_blob=publicationFile. Zugegriffen: 14. Nov. 2014. (zuletzt aktualisiert am 23.10.1995)

Bundesanstalt für Finanzdienstleistungsaufsicht. 2007. Mindestanforderungen an das Risikomanagement – MaRisk, Bonn 2007. http://www.bafin.de/DE/DatenDokumente/Aufgehobene Dokumente/ AufgehobeneRundschreiben/aufgehobeneRundschreiben_node.html. Zugegriffen: 14. Nov. 2014. (zuletzt aktualisiert am 30.10.07)

Bundesanstalt für Finanzdienstleistungsaufsicht. 2007. Mindestanforderungen an das Risikomanagement – MaRisk, Bonn 2012. http://www.bafin.de/SharedDocs/Veroeffentlichungen/DE/Rundschreiben/rs_1210_marisk_ba.html. Zugegriffen: 14. Nov. 2014. (zuletzt aktualisiert am 30.10.07)

Denk, R., und Karin Exner-Merkelt. 2005. *Corporate Risk Management – Unternehmensweites Risikomanagement*. Wien: Linde.

Deutsche Bundesbank. 2001. Basel II – Die neue Baseler Eigenkapitalvereinbarung 2001, Deutsche Bank Monatsbericht April 2001. http://www.bundesbank.de/Redaktion/DE/Downloads/Veroeffentlichungen/Monatsberichtsaufsaetze/2001/2001_04_basel.pdf?_blob=publicationFile. Zugegriffen: 14. Nov. 2014.

Deutsche Bundesbank, BaFin. 2008. Praxis des Liquiditätsrisikomanagements in ausgewählten deutschen Kreditinstituten, 2008. http://www.bundesbank.de/Redaktion/DE/Downloads/Aufgaben/Bankenaufsicht/praxis_des_liquiditaetsrisikomanagements_in_aus_gewaehlten_deutschen_kreditinstituten.pdf?_blob=publicationFile. Zugegriffen: 14. Nov. 2014.

Diederichs, M. 2012. *Risikomanagement und Risikocontrolling*. München: Vahlen Franz GmbH.

Dörner, Dietrich, Peter Horváth, und Henning Kagermann, Hrsg. 2000. *Praxis des Risikomanagements*. Stuttgart: Schäffer-Poeschel.

Eck, Christian. 2001. Einführung innovativer Finanzprodukte. In *Handbuch Gesamtbanksteuerung. Integration von Markt-, Kredit- und operationalen Risiken*, Hrsg. Roland Eller, 425–444. Stuttgart: Schäffer-Poeschel.

Emde, Mike, und Thorsten Meier. 2005. Überlegungen zur Einführung eines Liquiditätsmanagements. Die Zukunft gehört Liquidity-at-Risk-Konzepten. *Betriebswirtschaftliche Blätter* 5:254–256.

Fiack, Claus-Peter, und Holger Nielsen. 2006. Liquiditätsrenditemanagement im Umfeld zunehmender Volatilitäten. Auf der Suche nach kurz-, mittel und langfristigen Ertragsquellen. *Bank-Praktiker* 11:543–549.

Fischer, Christoph, und Bernd Rudolph. 2000. Grundformen von Finanzsystemen. In *Geld-, Bank- und Börsenwesen. Handbuch des Finanzsystems*, Hrsg. Jürgen von Hagen, Johann Heinrich von Stein, G. Obst und O. Hintner, 371–446, 40. Aufl. Stuttgart: Schäffer-Poeschel.

Friedrich, J., et al. 2000. Ausgestaltung eines Risikomanagementsystems. Betriebs Berater 55 (3): 2620 ff.

Geschka, Horst, und Richard Hammer. 2006. Die Szenario-Technik in der strategischen Unternehmensplanung. In *Strategische Unternehmensplanung*, Hrsg. Dietger Hahn und Bernhard Taylor 9. Aufl. Heidelberg: Springer.

Gleißner, W. 2011. *Grundlagen des Risikomanagement im Unternehmen*. München: Vahlen.

Gleißner, Werner, und Hendrik F. Löffler. 2007. Total Cost of Risk: Wertorientierte Steuerung von Risikotransferstrategien. In Die VersicherungsPraxis, Hrsg. DVS Deutscher Versicherungs-Schutzverband e.V., 41–45. (Nr. 3). Bonn.

Gleißner, Werner, und Frank Romeike. 2005. *Risikomanagement – Umsetzung, Werkzeuge, Risikobewertung*. Freiburg i. Br: Haufe, R.

Kuhn, Lukas. 2006. *Operationelle Risiken im Kontext der Gesamtbanksteuerung*. Marburg: Tectum-Verl.

Lehner, Ulrich. 2004. Neue Wege im Finanz-Management. In *Aktuelle Herausforderungen des Finanzmanagements. Dokumentation des 57. Deutschen Betriebswirtschafter-Tags 2003*, Hrsg. Wolfgang Gerke, 10 16. Stuttgart: Schäffer-Poeschel.

Monetary Authoritiy of Singapore. 2003. Technical paper on credit stress-testing. (01-2003, March 2003)

Ramke, Thomas, und Stefan Schöning. 2006. MaRisk: Einbeziehung von Liquiditätsrisiken in das Risikomanagement. *Zeitschrift für das gesamte Kreditwesen* 13;681–685.

Schulte, Michael, und Andreas Horsch. 2010. *Wertorientierte Banksteuerung II: Risikomanagement*. Frankfurt a. M: Frankfurt School Verlag.

Schulte, Michael, Stephan Paul, und Klaus-Jürgen Siewert. 1997. *Risikopolitik in Kreditinstituten. Kompendium bankbetrieblicher Anwendungsfelder*, 2. Aufl. Frankfurt a. M: Bankakademie-Verl.

Schuppener, Jörg, und Winfried Tillmann. 1999. KonTraG: Auswirkungen auf Kreditgeschäfte und Bonitätsprüfung. *Kreditpraxis* 2:20–23.

Zeranski, Stefan, Hrsg. 2007. *Ertragsorientiertes Liquiditätsrisikomanagement. Neue Vorgaben der Liquiditätsverordnung und MaRisk; kurz-, mittel- und langfristige Liquiditätssteuerung; Funding im Verbund von Sparkassen und Genossenschaftsbanken; Controlling sowie Prüfung des Liquiditätsrisikos*. Heidelberg: Finanz Colloquium.

Zirkler, Bernd, Jonathan Hofmann, und Sandra Schmolz. 2015. *Basel III in der Unternehmenspraxis*. Wiesbaden: Springer Gabler.

Zuber, Christof. 1987. *Steuerung der Liquidität im Bankbetrieb. Bankwirtschaftliche Forschungen*. Bern: Haupt. S. 105.